Peter Schlickenrieder | Ulrich Pramann

SKILANGLAUF
für Einsteiger

Tipps vom Profi
für Ausrüstung,
Einstieg und
perfekte Technik
im klassischen Stil
und Skating

südwest

Inhalt

Vorwort 4

Wenn die Seele beim Skilanglauf auftankt 6
Die Lust in der Loipe 7
Ein angenehmer Bewegungsrhythmus 7

Die Ausrüstung 12
Ein preiswerter Sport 13
Den passenden Ski finden 13
Richtig wachsen 17
Die Bindung 20
Die Schuhe 20
Die Stöcke 21
Funktionelle Bekleidung 22

Die ersten Schritte 24
Mit Skilanglauf vertraut machen 25
Welche Technik ist für mich am besten geeignet? 26
Aufwärmen 28
Gleichgewichtsübungen 29
Starke Gewichtsverlagerung 30
Aufstehen 31

Skilanglauf klassisch 32
Die natürliche Bewegungsform 33
Sicheren und festen Abdruck finden 33
Der Diagonalschritt 36
Die Diagonaltechnik – Schritt für Schritt 38
Die Technik für unterschiedliche Standards und Bedürfnisse 41
Die Doppelstocktechnik 42
Doppelstocktechnik mit Zwischenschritt 44
Kurventechnik/Abfahren 45

Skating 46
Dynamisch, ästhetisch und rasant 47
Der schnelle Schlittschuhschritt 47

Inhalt

Der leichte Einstieg – acht kleine Übungen vorweg 51
Die A-und-O-Übung 52
Vorbereitungsübung 53
Beinarbeit 54
Koordinationsübung 55
Die 2:1 asymmetrische Technik 56
Die 2:1 symmetrische Technik 58
Die 1:1 Technik 60
Der Diagonalskatingschritt 62

Die Vorbereitung auf die Saison 64
Fit in den Winter 65
Was Ausdauertraining bringt 65
Sieben kleine Tipps, um die Motivation hoch zu halten 68
Mountainbiken 70
Trail Running 72
Ganzjahressport Nordic Walking 76
Kinder und Skilanglauf – nur der Spaß zählt 78
Die Kreuzkoordination verbessern 80
Balanceübungen 82
Bauch, Beine, Po – die Muskulatur kräftigen 84
Die Vorbereitung für einen Volkslauf 86
Zehn Regeln für ein vernünftiges Training 88

Skilanglauf – der gesunde Sport 90
Die Heilkraft der Bewegung 91
Die Ganzkörperbewegung 91
Zehn Regeln für eine optimale Ernährung 97

Anhang 100
Meine Top-Reviere 101
Hilfreiche Bücher/Nützliche Adressen 107
Die offiziellen FIS-Verhaltensregeln 108
FIS-Umweltregeln für Wintersportler 109
Register 110
Bildnachweis, Impressum 112

Vorwort

Skilanglauf mit Leidenschaft

An den Moment, als ich Feuer fing, kann ich mich genau erinnern. Leise rieselte der Schnee, pünktlich zum Langlauf-Opening. Schon morgens kurz vor neun war mächtig Betrieb. Aus Lautsprechern kam heiße Musik, um die Lust auf Aufwärmübungen zusätzlich zu schüren. Jetzt suchten Hunderte ihre Gruppen. Anfänger, Fortgeschrittene, Hobbyrennläufer, Skating, Klassik. Was für ein Gewusel. Manchmal waren sich Paare uneins, wer wo hingehörte. Sie drängte, er war genervt: »Gä, tu net so hektisiern.« Schließlich fand dann doch jeder seinen Trainer für den morgendlichen Technikkurs.

Mein Tag hatte mit der Begegnung mit einer lebenden Legende begonnen. »Servas, i bin der Luis!«, sagte Dr. Alois Stadlober, reichte mir Stöcke und gelbe Langlauflatten, wünschte »vui Spaß« und entließ mich in die Masse jener, die voller Vorfreude das Ski-Stadion von Ramsau am Dachstein mit hektischer Betriebsamkeit füllten.

Meine Gruppe (»Skating, Anfänger«) wartete genau dort, wo damals, bei der Nordische Ski-Weltmeisterschaft 1999, der dramatische Schlussspurt des Staffelrennens tobte. 45 000 Zuschauer machten einen Höllenlärm, als ihre Österreicher knapp vor den Norwegern siegten. Und jetzt führte mich der Luis, einer aus dem heldenhaften Staffelquartett, in die Technik des Skatens ein. Nach zwei intensiven Trainingstagen lief es tatsächlich erstaunlich gut. Was heißt gut – dieses Gleiten auf den schmalen Latten schien jetzt ganz leicht und mühelos zu sein und macht seither unheimlich viel Spaß.

An mein erstes Mal in der Spur kann ich mich auch noch gut erinnern. Das war in den 1960er-Jahren des letzten Jahrhunderts, bei der Vereinsmeisterschaft des MTV Sieber im Harz. Damals hatte von uns fast keiner spezielle Langlaufski. Wir rüsteten einfach unsere

Vorwort

Alpinskier um, indem wir die Bindung so verstellten, dass die Fersen bei jedem Schritt ein bisschen Spielraum hatten. Na ja, man trampelte etwas schwerfällig durch die Spur und kam auf diese Weise durchaus voran. Aber ein Gefühl von lustvollem Bewegungsspaß und rasanter Leichtigkeit in der Loipe wollte sich damals nicht wirklich einstellen.

Alles wurde besser, als ich vor vielen Jahren Peter Schlickenrieder kennenlernte. Dass das Skilanglaufen in Theorie und Praxis seither so einen hohen Stellenwert genießt, hat vor allem mit Peters leidenschaftlicher Art zu tun. Wie er über seinen Sport, die Geheimnisse und die Faszination erzählt. Wie er seinen Sport liebt. Und wie er ihn lebt. Ein Profi im besten Sinne.

Der Peter ist so umtriebig wie kaum ein anderer. Schon während seiner Zeit als Leistungssportler studierte er parallel Wirtschaftswissenschaft, gründete eine Sportmarketingagentur, die Internetplattform www.xc-ski.de und initiierte das bayerische DSV-Ausbildungszentrum für nordische Sportarten am Chiemsee. Seit 2005 ist er Vizepräsident des Deutschen Skiverbandes und noch ein bisschen länger reist er in den Wintermonaten als Fernseh-Experte und Co-Moderator für die ARD zu Weltcups und großen Events und versteht es, selbst Zuschauer in Bochum oder Bremerhaven für den Skilanglauf zu begeistern. Und immer ist er als Outdoorsportler (Trail Runner, Mountainbiker & Co.) zu Abenteuer und Grenzerfahrungen bereit, um darüber Bücher (»Transalp – als Hobbybiker auf der härtesten Tour der Welt«) zu schreiben, TV-Reportagen (»Abenteuer Olympia: Über den Elbrus bis nach Sotschi«) zu drehen oder spannende Impulsvorträge zu halten.

Höchster Lohn: Peter Schlickenrieder und seine olympische Silbermedaille 2002 in Salt Lake City.

Als Peter und ich vor acht Jahren dieses Buch schrieben, konnten wir nicht ahnen, dass sich unser Titel zum meistverkauften Skilanglauf-Ratgeber entwickeln würde. Jetzt halten Sie »Skilanglaufen für Einsteiger« also in aktualisierter und erweiterter Neuauflage in den Händen. Wir hoffen natürlich sehr, dass Sie sich inspirieren lassen und es Sie mit noch mehr Lust in die Loipe zieht.

Ziehen Sie also Ihre Spur...! Denn wer auf Langlaufskiern unterwegs ist, tut sich Gutes. Für Leib und Seele. Viel Lesespaß wünschen

Ulrich Pramann und Peter Schlickenrieder

Die Lust in der Loipe

Ein riesiges Spielfeld, es ist frisch verschneit – ein großartiger Sportplatz. Die Reflektionen der tief stehenden Sonne geben der Kulisse einen ganz besonderen Glanz. Mittendurch ist eine Loipe gezogen. Gerade sind es minus fünf Grad. Kalt? Nein. Wetten, dass du die Kälte dieses Wintertags nicht spürst? Wie beseelt wirst du durch diese Spur im Schnee gleiten. Und dieser dynamische, emsige, muskuläre Einsatz wird deinen Körper aufheizen, und die Kleidung wird die Wärme speichern. Leise knirscht der Schnee unter den Brettern. Dies ist der einzige Laut, der zu hören ist. Ach so, natürlich auch noch dein eigener Atem. Jedesmal beim Ausatmen bläst du kleine Wölkchen in den blauen Himmel. Momente, die dir ganz allein gehören. Du spürst die Natur – deine Natur. Du fühlst die Kraft der Muskeln und Sehnen. Wenn es gut läuft, läuft es ganz von selbst. Oder du kannst planen – den nächsten Schritt im Schnee, vielleicht sogar den nächsten Step im Leben. Langlaufen ist wie ein leeres Blatt Papier, das man vor sich liegen hat, um es zu beschreiben. Der Schnee ist weiß, die Luft ist klar. Da ist viel Platz für neue Ideen, für Pläne, auch für Lösungen.

Skilanglauf ist aber auch der Kampf gegen sich selbst, gegen seine eigenen Schwächen, die Beschränkungen, die Ängste. Wie oft habe ich mich im Wettkampf oder im Training auf halber Strecke gefragt: Wozu machst du eigentlich den ganzen Blödsinn? Warum sitzt du nicht in einem warmen Büro? Doch dann gelang es irgendwie und jedes Mal, diese Gedanken zusammen mit den Skiern in den Schnee zu drücken. Und irgendwann geht alles irgendwie wieder wie von selbst.

Ein angenehmer Bewegungsrhythmus

Probleme, Schmerzen, Zweifel – sie lösen sich auf im regelmäßigen Rhythmus der Bewegung. Wenn wir einfach weiterlaufen, produziert der Körper mitunter diese wunderbaren, körpereigenen Drogen, die nicht krank, sondern stolz und glücklich machen: Endorphine.
Oh ja, Skilanglauf wirkt unmittelbar auf die Seele: Natürliche Freude, Stolz, Selbstbestätigung, innere Harmonie stellen sich ein. Nennen wir es einfach die Überwindung des inneren Schweinehundes – jeder wird dieses »Ich-kann-es-ja-noch«-Gefühl erleben. Plötzlich geht es auch nach fünf Kilometern noch weiter und du schaffst 15 Kilometer, über-

»Die Zukunft ist nordisch« – diese kühne Prophezeiung von Peter Schlickenrieder wird tatsächlich Realität.

Wenn die Seele beim Skilanglauf auftankt

windest Tiefpunkte, mutest dir Anstiege und Abfahrten zu, schaffst sie, triumphierst. Oh ja, dadurch wächst auch das Vertrauen in den eigenen Körper. In einer Zeit, die immer schnelllebiger und bewegungsärmer wird, kann Skilanglauf zu einer elementaren Erfahrung werden. Wertvolle Glücksmomente, bis hin zu einem sanften »Rausch«.

Alte Langlaufhasen reiben sich verwundert die Augen. Der Skilanglauf feiert sein Comeback. Nach Jahrzehnten des Schattendaseins gilt er heute längst nicht mehr als Bewegungsvariante der älteren Generation. Immer mehr junge Leute und Familien entdecken Skilanglauf als lässige Bereicherung ihres Winterurlaubs in den Alpen. Unter den Namen Nordic Ski oder Nordic Cruising gewinnt Skilanglauf immer mehr Anhänger. Wie ist das zu erklären? Es gibt dafür fünf gute Gründe.

Erstens, weil es jetzt mehr und mehr Loipen gibt, die perfekt präpariert werden und den Sport deutlich erleichtern und den Spaß erhöhen.

Zweitens, weil die Skifabrikanten mittlerweile wesentlich kürzere Modelle anbieten, die einfacher zu beherrschen sind, und weil die so genannten Nowax-Skier ein sehr ausgeglichenes Abdruck- und Gleitverhalten garantieren.

Skilanglaufen ist in den letzten Jahren zu einem Boomsport geworden, der immer neue Anhänger findet.

Drittens, weil jetzt zum Gesundheitssport Nordic Walking endlich das himmlische Gefühl des Gleitens im Schnee hinzukommt.

Viertens, weil das Fernsehen Skilanglaufen inzwischen richtig spannend aufbereitet und Athleten wie Tobias Angerer, Axel Teichmann, Claudia Nystad in der Weltspitze mitgemischt haben und jetzt eine Denise Hermann oder Hannes Dotzler wieder vorne dabei sind – das macht den Sport neuerdings für Millionen Menschen attraktiv.

Fünftens, weil der erstaunliche Erfolg von Nordic Walking dem Skilanglauf neue Impulse gibt – die Bewegungsform ist ja ganz ähnlich. Das erleichtert den Einstieg und verstärkt den Hunger nach mehr Nordic Sport.

Der gesunde Spaß

Skilanglauf ist eine wirklich großartige Sache. Denn diese Bewegung ist besonders gesund, Verletzungen gibt es selten. Für manchen, der beim Sport extreme Grenzen ankitzeln will und das Spiel mit der Gefahr braucht, mag Skilanglauf nicht attraktiv sein. Manche tun diesen Sport ja immer noch als langweilig ab. Das sind aber sicherlich Leute, die noch nie Latten unter den Füßen hatten. So viel steht fest: Skilanglauf ist alles andere als langweilig, es ist Spaß pur. Sportärzte schätzen am Skilanglauf besonders auch das geringe Verletzungsrisiko. Ambitionierte können die Tempobelastung nicht so überziehen wie beim Joggen. Selbst Überehrgeizige können sich beim gemäßigten Ausdauertraining kaum überfordern, weil die Bretter zu heftige und zu spritzige Bewegungen nicht zulassen. Außerdem gibt es beim Langlauf keine so extremen Herz-Kreislauf-Belastungsspitzen wie beim alpinen Skilauf, wo bei steilen Abfahrten der Puls schon mal auf über 200 Schläge pro Minuten hochschnellen kann. Wer seinen Körper mit Verstand und unter fachmännischer Anleitung systematisch und dauerhaft belastet, stärkt Herz und Kreislauf, beugt bekanntlich Bluthochdruck, Infarkt und Diabetes mellitus vor.

In der Ebene und auf dezenten Abfahrten hat man sich und sein Gerät fast immer gut unter Kontrolle. Und wenn es mal zum Sturz kommt, lassen sich die Folgen meist unproblematisch von Jacke und Mütze abklopfen. Bänderrisse, Zerrungen oder Ermüdungsbrüche sind fast nur bei völlig Untrainierten zu beklagen, die sich vermutlich auch ver-

Skilanglauf und die Faktoren für die Gesundheit – mehr darüber ab Seite 90.

Himmel, Berge und Spuren im Schnee. Winterlandschaft in Tirol – wie gemalt für den Skilanglauf.

Wenn die Seele beim Skilanglauf auftankt

letzen würden, wenn sie eine Kiste Bier die Treppen hochtragen. Beim Skilanglauf sind 90 Prozent der Muskulatur in Aktion – so viel wie bei keinem anderen Sport (außer Nordic Walking). Die Beine werden ständig beansprucht, die Arme und der Rumpf durch zusätzlichen Stockeinsatz weit mehr als beim Laufen. Die Koordination wird gefördert. Hinzu kommt: Durch das Gleiten in der Loipe wirkt Skilanglauf sanfter, die Stauchbelastung entfällt, Sie können länger unterwegs sein.

Naturerlebnis für Jung und Alt

Außerdem bewegen sich Skilangläufer in frischer, kühler und weitgehend abgasfreier Luft. Die Bewegungsabläufe trainieren alle Muskeln gleichmäßig und sorgen für einen raschen Muskelaufbau. Die Belastungen lassen sich individuell anpassen – für jedes Alter, für jeden Trainingszustand und je nach Motivation. Junge ambitionierte Skilangläufer haben die Möglichkeit, intensiv und systematisch auf eine Leistungssteigerung hinzuarbeiten, für Freizeitsportler reicht es vielleicht schon, sich in der Natur fit zu halten.

Der Skilanglauf ist als Ausgleichssport auch deshalb ideal, weil allein schon die Struktur der Landschaft ein natürliches Intervalltraining zur Folge hat. Das Geländeprofil gibt den Belastungsrhythmus spielerisch vor. Es gibt ja fast nirgendwo nur flache Strecken – hier geht es bergauf, da bergab. Man kommt also auf ganz natürliche Weise mal außer Atem, mal entspannt man sich, und dann strengt man sich wieder an. Dieser stete Wechsel belastet den Körper optimal.

Skilanglauf deckt das ganze Spektrum ab: Er ist Ausdauersport und gleichzeitig – durch das Bewältigen von Anstiegen und den Wechsel von Abdruck- und Gleitphasen – auch Kraftausdauersport. Skilanglauf unterstützt die Entwicklung eines gleichmäßigen Muskelaufbaus – anders als beispielsweise Eisschnelllaufen oder Radfahren, wo nur einzelne Muskel-

Gesunder Bewegungsspaß an der frischen Luft: Skilanglaufen fordert den Organismus, ohne ihn zu überfordern.

gruppen trainiert werden. Und der dynamische Bewegungsablauf strafft den ganzen Körper. Alle wichtigen Muskeln der Beine, am Bauch, am Po, am Rücken und an den Armen werden beansprucht. Außerdem werden reichlich Kalorien verbrannt; das hilft, den Körper zu entfetten, und bringt den Cholesterinhaushalt wieder ins Gleichgewicht.

»Der Sport aller Sportarten ...«

»... wenn irgendeiner den Namen des Sports aller Sportarten verdient, so ist es das Schneeschuhlaufen. Nichts stählt die Muskeln so sehr, nichts macht den Körper elastischer und geschmeidiger, nichts verleiht eine größere Umsicht und Gewandtheit, nichts stärkt den Willen mehr, nichts macht den Sinn so frisch wie das Schneeschuhlaufen!«
Diese enthusiastischen Sätze hat Dr. Fritjof Nansen vor 123 Jahren formuliert. Mit seinem Buch »Auf Schneeschuhen durch Grönland« (1891) entfachte der norwegische Forscher allerorts Begeisterung fürs Schneeschuhlaufen. Noch im selben Jahr wurde in Deutschland der erste Verein gegründet: der »Skiclub Todtnau« im Schwarzwald.
Die Latten, die sich Nansen und Gleichgesinnte damals unter die Füße schnallten, werden heute als ziemliche Ungetüme bestaunt. Aber seine schwärmerischen Empfindungen haben sich bis heute kaum verändert. »Kann man sich etwas Frischeres, Belebenderes denken, als schnell wie der Vogel über bewaldete Abhänge dahinzugleiten, während Winterluft und die Tannenzweige unsere Wangen streifen? Ist es nicht, als wenn das ganze Zivilisationsleben auf einmal aus unseren Gedanken verwischt würde und mit der Stadtluft weit hinter uns bliebe?«
Und heute? Die Glücksgefühle, die sich beim Skilanglaufen einstellen, sind altbekannt und immer neu. Zwei Spuren im Schnee, die glitzern, und sonst nichts als die Stille in der weißen Weite. Majestätische Hänge lassen wir links liegen und Waldstücke hinter uns. Vorbei an vereisten Gebirgsbächen und gezuckerten Zäunen. Hie und da kreuzt eine Tierspur und verliert sich im Unterholz. Wir sind der Natur auf der Spur, unserer Natur. Schritt für Schritt entgleiten Stress und Hektik. Wir laufen unseren Rhythmus. Nicht ganz gemächlich, aber auch nicht ganz so schnell – so schnell, wie es eben geht. Unterwegs träumen wir vielleicht schon von der Sauna, später im Hotel. Und vielleicht von einer heißen Suppe und einem kühlen Bier.
Wir sind Genussläufer. Nicht mehr und nicht weniger.

Fritjof Nansens Buch »Auf Schneeschuhen durch Grönland« (1891) löste eine erste Welle der Begeisterung für die neue Bewegung aus

Passendes Material

Ein preiswerter Sport

Verglichen mit dem alpinen Skisport oder der Snowboardszene, in der besonders durchgestyltes Outfit und Hightechmaterial ganz besonders zählen, geht es beim Skilanglauf erheblich schlichter und zünftiger zu – dieser Sport ist eher preiswert. Eine solide Grundausrüstung – also Langlaufskier inklusive Bindung, Stöcke und funktionelle Bekleidung – ist schon ab 300 Euro zu haben.

Wer erst einmal in diese neue Bewegungsform hineinschnuppern möchte, kann sich Skier und Stöcke fast überall vor Ort günstig ausleihen.

Wer schließlich Spaß am Skilanglaufen gefunden hat und regelmäßig in die Loipe geht, wird auch beim Material sicherlich etwas anspruchsvoller werden. Im Folgenden möchten wir einen Überblick über die wichtigsten Merkmale einer guten Skilanglaufausrüstung geben.

Den passenden Ski finden

Die Härte des Skis ist ein wichtiger Maßstab. Die optimale Härte richtet sich nach dem Fahrkönnen und vor allem auch nach dem Gewicht des Läufers. Weichere Skier mit längerer Abstoßzone eignen sich für Anfänger, härter gespannte für Sportliche. Die Experten vom Deutschen Skiverband (DSV) haben sich auf drei Kategorien bzw. Zielgruppen geeinigt: »Soft« – für genüssliche und gesundheitsorientierte Skiwanderer; »Fitness« – für fitnessorientierte Cruiser oder Skater; und die Kategorie »Sport« für ambitionierte Skilangläufer.

Das Problem: Die Bezeichnungen sind meist auf den Skiern nicht angegeben. Die passende Härte kann aber auch mit Hilfe einer Druckverteilungsmaschine oder eines einfachen Papiertests ermittelt werden.

Der Klassikski (Wachsski)

Wer schon Bewegungserfahrung auf Skiern und Schnee hat und auf gespurten Loipen im Diagonalschritt unterwegs sein möchte, wählt für die traditionelle Skilanglauftechnik einen Klassikski – inklusive der notwendigen Steighilfen.

Diese Steighilfen sind erforderlich, um einerseits einen dynamischen Abstoß in der Ebene zu ermöglichen und andererseits am Anstieg ein Zurückrutschen der parallel geführten Skier zu verhindern. Die so genannten Steighilfen werden entweder als spezielles Wachs vom Läufer

Klassikski sind etwa 30 cm länger als die eigene Körpergröße. Welche Skilänge für Sie passend ist, hängt von Ihrem Körpergewicht ab. Mehr dazu auf Seite 16.

Die Ausrüstung

aufgetragen oder bereits vom Hersteller in mechanischer (Schuppenski) oder chemischer Form (Chemikalski) in die Lauffläche des dann als Nowax-Ski bezeichneten Skis eingearbeitet.

Der Nowax-Ski

Für Anfänger, also für Skiläufer mit wenig oder keiner Lauferfahrung, empfehlen sich so genannte Nowax-Skier – sie können den Einstieg in diesen Sport erleichtern. Nowax – der Begriff stammt noch aus einer Zeit um das Jahr 1980. Den Neulingen dieses Sports sollte wohl der Schrecken vor dem Präparieren des Sportgeräts genommen werden.

Das nicht ganz unkomplizierte Auftragen von Steigwachsen – wie beim klassischen Langlaufski – entfällt; dennoch muss der Ski auf den Laufflächen, also vor und hinter der Steigzone, behandelt werden. Hierzu bietet die Industrie flüssige Wachse an, die aufgesprüht oder mit einem Schwamm aufgetragen werden.

Die Steigzone selbst (also der Bereich der Schuppen) sollte regelmäßig mit einem speziellen Spray behandelt werden, damit sie nicht vereist oder verschmutzt. Der Name (»kein Wachs«) lässt ja eigentlich vermuten, dass diese Skier keine Pflege (also Wachs u. Ä.) brauchen – doch das stimmt so nicht. Ein Minimum an Pflege braucht es auch hier, wenn die Skier gut gleiten und steigen sollen – wenn es also richtig Spaß machen soll. Darüber hinaus verlängern Sie die »Lebenszeit« des Sportgeräts durch die Pflege deutlich.

Im Bereich um 0 °C können Nowax-Skier sogar noch im Weltcup zum Einsatz kommen, bei eisigen Pistenverhältnissen sind hingegen die Wachsskier (klassischer Langlaufski) ganz klar im Vorteil. Allerdings kann man sich auch mit Nowax-Skier und vereisten Pisten behelfen, indem man die Steigzonen zusätzlich mit Steigwachsen versieht.

Der Skatingski

Wer durch Inlineskating, Nordic Blading oder Schlittschuhlaufen entsprechende Bewegungserfahrungen und Power hat, wird bestimmt auch an der freien Technik Spaß haben – mit Skatingskiern.

Mit dem Skatingski werden höhere Geschwindigkeiten erreicht – weil der Krafteinsatz von der gleitenden Skikante erfolgt. Abstoß- und Gleitphasen wechseln sich dynamisch ab. Der Körperschwerpunkt verlagert sich ständig. Ein Skatingski soll nicht nur für gespurte Loipen, sondern

Peter Schlickenrieder mit Skatingski – sie sind etwa 10 cm kürzer als klassische Langlaufski.

zum Skaten auf gewalzten Schneeflächen geeignet sein. Durch eine andere Härte und Spannungsverteilung ist er auf den besonderen Laufstil vorbereitet. Diese Konstruktion ist jedoch für die Klassiktechnik ungeeignet, weil durch die Spannungsverteilung das Steigwachs nicht richtig hält – eher bremst. Skatingskier sind in der Regel zwischen 1,85 und 1,95 Meter lang und haben keine Abstoßzone. Kürzere Modelle bieten einen einfachen Einstieg in die Skatingtechnik.

Skiwandern – Nordic Cruising

Beim Skiwandern geht es mehr um den Spaß und Naturgenuss und weniger um die perfekte Technik. Speziell für diese Zielgruppen gibt es neue Skimodelle – sie sind deutlich breiter.
Mit diesen Skiern in die Loipe oder ins Gelände gehen – das ist der leichteste Einstieg in das Naturerlebnis Skilanglauf. Beim Skiwandern sind die Gleitphasen kürzer als beim klassischen Skilanglauf. Mit breiteren (und kürzeren) Skiern sind zudem die Bewegungen einfacher, die Technik ist schneller zu erlernen – und sie entspricht größtenteils der Nordic-Walking-Technik.
Nordic Cruising ist seit ein paar Jahren trendy. *Cruising* – der amerikanische Begriff meint gemütliches Spazierenfahren mit dem Straßenkreuzer, also ruhiges Sich-Fortbewegen. Das Konzept Nordic Cruising zielt ganz klar auf die wachsende Gruppe der Genussfahrer ab. Die Nordic-Cruising-Skier zeichnen sich durch ihre besondere Lauffläche aus. Die ist breiter, geschuppt und gibt mehr Halt beim Bergauffahren – und verhindert das Zurückgleiten.
Klar, besonders Anfänger schätzen diese Erleichterung. So wird ein leistungsorientierter Skilangläufer kaum auf Nordic Cruising umsteigen, außer, er ist mit der Familie oder mit Freunden unterwegs in der Loipe. Für die große Zahl der Sporteinsteiger, Freizeitsportler und Winterurlauber bietet das Nordic Cruising dagegen eine optimale Alternative bzw. den Einstieg in den Wintersport. Aber auch ambitionierte Skilangläufer können mit Nordic Cruising viel Spaß haben.
Zahlen zeigen, wie die neue Generation des alten Sportgeräts Ski inzwischen akzeptiert wird. Bei der Firma Fischer, die sich in diesem Segment als Schrittmacher hervorgetan hat, machen Nordic-Cruising-Skier inzwischen etwa 60 Prozent aller verkauften Langlaufskier aus.

Leichter gleiten, besser steigen: Nordic-Cruising-Skier sind kürzer, lassen sich daher komfortabler laufen und bieten durch eine eigene Seitenform mehr Standsicherheit. Man spürt außerdem ein besseres Gleichgewichtsgefühl.

Die Ausrüstung

Skilängen

Klassik

Körpergewicht	Länge stiff	Länge medium	Länge soft
> 90 kg	210 cm	•	•
89 – 90 kg	210 – 205 cm	210 cm	•
79 – 75 kg	210 – 205 cm	200 cm	•
74 – 70 kg	200 cm	205 cm	210 cm
69 – 65 kg	•	195 – 200 cm	205 – 210 cm
64 – 60 kg	•	195 – 200 cm	205 cm
59 – 55 kg	•	190 cm	195 – 200 cm
54 – 50 kg	•	180 cm	190 – 200 cm
49 – 45 kg	•	180 cm	190 – 195 cm
< 45 kg	•	180 cm	190 cm

Skating

Körpergewicht	Länge stiff	Länge medium	Länge soft
> 90 kg	192 – 197 cm	•	•
89 – 90 kg	192 cm	•	•
79 – 75 kg	192 – 187 cm	•	•
74 – 70 kg	192 – 187 cm	192 cm	•
69 – 65 kg	187 – 182 cm	192 cm	•
64 – 60 kg	182 – 177 cm	192 – 187 cm	•
59 – 55 kg	177 cm	187 – 182 cm	•
54 – 50 kg	177 cm	182 – 177 cm	•
49 – 45 kg	•	177 – 172 cm	•
< 45 kg	•	172 cm	•

Nordic Cruising

Körpergewicht	Länge
> 95 kg	XL (Extra-Large) 189 cm
80 – 95 kg	L (Large) 184 cm
60 – 84 kg	M (Medium) 174 cm
< 64 kg	S (Small) 164 cm
25 – 35 kg	XS 140 cm
15 – 25 kg	XXS 120 cm

Nordic-Cruising-Skier gibt es für Erwachsene in vier Längen (Small, Medium, Large, X-Large). Für Kinder und Jugendliche sind zwei Varianten erhältlich – XX-Small und Small. Eine Skilängenempfehlung lässt sich ganz leicht in Abhängigkeit vom Gewicht errechnen:
Je schwerer die Person ist, desto länger sollte der Ski sein.

Richtig wachsen

Wie groß der Spaß beim Skilanglauf ist, hängt vor allem auch davon ab, wie gut die Skier gleiten und ob sie im Anstieg eine gute Griffigkeit haben. Wie gut der Ski läuft und »hält«, hängt wiederum davon ab, wie gut die Skier präpariert – will heißen: wie gut sie gewachst sind. Wenn Sie nicht gerade mit einem Nowax-Ski laufen, sollen Sie sich ein bisschen mit dem Thema Wachs befassen.

Der Umgang mit Wachs ist keine theoretische Wissenschaft, sondern ein solides Handwerk, das bestimmte Kenntnisse voraussetzt. Hier ein paar Grundlagen zu diesem komplexen Thema.

Schnee ist nicht gleich Schnee

Nein, Schnee ist kein gefrorener Regen, sondern kristallisierter Wasserdampf. Die Temperatur, die Luftfeuchtigkeit, die Windverhältnisse – all das beeinflusst den Aufbau der schön strukturierten Schneekristalle. Wir unterscheiden Trockenschnee (dazu gehören Pulverschnee, Mehlschnee, Grießschnee, Reifschnee), Nassschnee (Pappschnee, »fauler« Schnee), Neuschnee, Altschnee und Kunstschnee. Lauter unterschiedliche Schneesorten, die wiederum eigene Gleiteigenschaften haben. Davon hängt natürlich die Wahl des Wachses ab.

Wachs ist nicht gleich Wachs

Das Wachsen der Gleitflächen ist vergleichsweise leicht. Schwieriger sind die Steigzonen der klassischen Skilanglaufskier in den Griff zu bekommen. Dennoch gibt es beim Präparieren der Gleitflächen unterschiedliches Material:

→ Heißwachs – dazu gehören Paraffinzusammensetzungen mit unterschiedlichem Härtegrad.
→ Fluorwachs – ist teuer, wird im Block oder als Pulver angeboten.
→ Flüssigwachs – ist gut geeignet, um die Ski kurzfristig zu präparieren.

Bei Steigwachsen unterscheidet man zwei Arten – das härtere Trockenwachs und das zähflüssige Klisterwachs:

→ Trockenwachs (Steigwachs) – kann in mehreren Schichten aufgetragen werden, also gut bei sich ändernden Bedingungen.
→ Klister (Steigwachs) – ist zähflüssig, klebrig und wird vorwiegend bei Nassschnee, Harsch oder vereister Loipe eingesetzt.

Beim Wachsen sind vier Faktoren entscheidend:
1. die Länge der Haftwachszone,
2. die Beschaffenheit der Lauffläche,
3. die persönliche Lauftechnik und
4. die Schnee- und Luftverhältnisse.

Die Ausrüstung

Ski ist nicht gleich Ski

Klassischer Langlaufski, Nowax-Ski, Skatingski, Nordic-Cruising-Ski – jeder Ski hat besondere Eigenschaften und stellt auch andere Anforderungen ans Wachsen. Beim klassischen Langlaufski und dem Nowax-Ski ist es ein bisschen komplizierter. Er soll gut gleiten und gleichzeitig für den Abstoß sicher haften. Deshalb gibt es zwei Funktionszonen: die Gleitzone

Wie finde ich das richtige Wachs?

Wenn ich prüfe ...	Ergibt dies Aufschluss über ...
Welche Struktur hat der Schnee?	Bei kristallinem Schnee, trockenem oder mäßig feuchtem Pulverschnee: Hartwachs. Bei grobkörnigem Altschnee und nassem Schnee: Klister auftragen.
Wie ist die Lufttemperatur in 1 m Höhe und 10 cm über dem Boden?	Welches Wachs zu welcher Temperatur passt, schreiben die Hersteller auf die Packung.
Wie ist die Schneetemperatur 2 cm unter der Schneeoberfläche?	Die Temperatur mit der Lufttemperatur vergleichen und das Temperaturmittel nehmen.
Wie ist die Spur beschaffen?	Feste, harte Spur: härteres Wachs wählen. Weiche, lockere, mehlige Spur: Wachszone verlängern oder weicheres Wachs.
Wie hoch ist die Luftfeuchtigkeit (hoch, normal, niedrig)?	Hohe Luftfeuchtigkeit: wärmeres Wachs wählen. Geringere Luftfeuchtigkeit: härteres Wachs.
Wie ist die Schneefeuchtigkeit? (in den Schnee greifen)	Trockener Schnee: Dann gibt es keinen Schneeball. Feuchter Schnee: Schneeball formbar. Nasser Schnee: Schneeball tropft.
Wie ist die Wettervorhersage?	Wird es wärmer? Bleibt es konstant? Eventuell Wachs zum Nachwachsen mitnehmen.

im vorderen und im hinteren Drittel des Skis und die Abstoßzone im Mittelteil. Diese Zonen werden unterschiedlich präpariert: die Gleitzone mit Gleitwachs und die Abstoßzone mit Trockenwachs bzw. Klister.

Schnellkurs Wachsen – der Klassikski

Den Klassikski am besten in einem Wachsbock einspannen. Wenn keiner zur Verfügung steht, lehnen Sie den Ski gegen einen Tisch und sichern ihn mit den Füßen gegen das Abrutschen. Die Steigzone mit Schleifpapier aufrauen, Staub abwischen. Die Laufrille bleibt wachsfrei. Das Wachs mit leichtem Druck in einer dünnen Schicht auftragen. Dann mit einem Bügeleisen bei niedriger Temperatur einbügeln. Abkühlen lassen und mit einem Wachskorken gleichmäßig verreiben. Bei Bedarf weitere Wachsschichten auftragen und verreiben. Nicht mehr bügeln. Abkühlen lassen. Das Steigwachs muss mindestens 500 Meter eingelaufen werden, bevor Sie beurteilen können, ob alles passt. Die Gleitzonen der Klassikskier werden genauso gewachst wie Skatingskier.

Skatingski und Cruising-Ski

Beim Skatingski dient das Wachs weniger dazu, Haftreibung zu erzeugen (weil der Beinabstoß ja vom gleitenden und gekanteten Ski erfolgt), es soll vielmehr das Gleiten unterstützen. Die Gleitfähigkeit entsteht durch die Bildung kleiner Wassertröpfchen auf der Lauffläche. Auf diesen Kügelchen rollt der Ski vorwärts. Durch das Gleitwachs soll diese Tröpfchenbildung unterstützt werden.

Die Arbeit mit Gleitwachs unterscheidet sich ein wenig vom Arbeiten mit Haftwachs. Legen Sie den Ski waagerecht auf eine stabile Unterlage. Bügeleisen auf ca. 70 bis 80 Grad einstellen. Das Gleitwachs nun am Bügeleisen schmelzen lassen und links und rechts der Laufrille eine dünne Linie auftropfen. Mit dem Bügeleisen das Wachs schmelzen und langsam und gleichmäßig von vorne nach hinten aufbügeln. Mindestens 20 Minuten auskühlen lassen.

Dann Gleitwachs abziehen, mit einer Kunststoffbürste gründlich aufbürsten und die Rillenstruktur freilegen. Den Staub abwischen.

Die Pflege eines Cruising-Skis ist sehr einfach und dauert nur ein paar Minuten: Reinigen des Belags, Gleitwachs auftragen und danach – wie gehabt – das Gleitwachs wieder abziehen.

Sie müssen kein Wachsprofi sein. Aber im Lauf eines Winters sollte der Belag der Skier mehrmals gereinigt und präpariert werden.

Die Ausrüstung

Zwei-Achsen-Prinzip: Dieses neue Bindungssystem ermöglichst ein besseres Abstoßen und bessere Stabilität.

Die Bindung

Ohne Kontrolle ist Kraft nichts. Deshalb hat die Bindung zwei Aufgaben, die sich eigentlich widersprechen. Erstens soll die Bindung dem Fuß möglichst viel Flexibilität lassen, damit die Abstoßbewegung so kräftig wie möglich ausgeführt werden kann. Und zweitens soll sie dem Fuß sicheren Halt und seitliche Stabilität geben. Schuh und Bindung sollen eine Einheit sein.

Freizeitsportler müssen sich heutzutage keinen Kopf mehr machen, welches Bindungssystem denn das passende ist – beide Systeme (SNS und NNN), die sich auf dem Markt durchgesetzt haben, passen bestens und man kann ein- und aussteigen, ohne sich zu bücken. Bei Salomon basiert die Bindung auf einem Zwei-Achsen-Prinzip mit einer Rückholfeder direkt unter dem Fußballen. Dieses Prinzip gibt mehr Sicherheit und ermöglicht optimales Abrollen des Fußes beim Abstoß. Bei der norwegischen Rottefalla-NNN-Bindung für Klassik und Skating sorgen verschieden harte Gummipuffer dafür, dass der Ski nach dem Abstoß wieder an die Schuhsohle zurückfedert.

Die Schuhe

Sie sind die Verbindung zwischen uns und dem Ski. Schuhe erfüllen also als Ausrüstungsgegenstände eine sehr wichtige Rolle, denn sie übertragen die Kraft vom Fuß auf die Skier. Klar, wenn die Schuhe nicht richtig passen, wenn sie nicht stützen oder wenn jeder Schritt schmerzt, kann das den ganzen Spaß vermiesen. Langlaufschuhe müssen daher verschiedenen Anforderungen gerecht werden:

Die Lebensdauer der Schuhe lässt sich deutlich verlängern, wenn Sie die Nähte und das Obermaterial mit einem speziellen Pflegespray schützen. Schuhe sollten niemals zum Trocknen auf die Heizung gelegt werden. Zum Trocknen der Schuhe sollten Sie immer die Einlegesohle herausnehmen.

→ Sie sollen ausreichend Schutz vor Kälte und Nässe bieten und Ihre Füße wärmen.
→ Sie sollen fest sitzen, dürfen aber nicht drücken, irgendwo scheuern oder schmerzen – sie sollen für die Füße angenehm sein –, nach vorne beweglich im Schaft, aber hart und stabil gegenüber dem Ski.
→ Sie sollen guten Halt gewährleisten, also vor allem die Ferse weich und wirksam fixieren.

Bei der Wahl des richtigen Langlaufschuhs sollte weniger der Preis als vielmehr Passform, Tragekomfort, Stabilität, Wärmeisolation, Nässeschutz und Flexibilität – also die Qualität im Vordergrund stehen. Nehmen Sie sich Zeit. Lassen Sie sich von einem Sportfachhändler beraten. Probieren Sie am besten mehrere Modelle.

Schuhe, Stöcke

Drei Tipps für den Schuhkauf

→ Kaufen Sie am besten nachmittags, da die Füße über den Tag anschwellen. Die Schuhe sollten lieber etwas zu groß als zu klein sein, da die Füße beim Laufen ebenfalls ziemlich anschwellen.
→ Beachten Sie, dass zwischen der großen Zehe und der Schuhspitze ein Finger breit Platz ist.
→ Informieren Sie sich über mögliche Setangebote (Skier, Stöcke und Schuhe). Die sind meist deutlich preiswerter. Zudem ist die Ausrüstung dann auch optisch aufeinander abgestimmt.

Die Stöcke

Sie haben in den letzten Jahren eine rasante Entwicklung genommen: Die Stöcke sind durch den Einsatz besonderer Kunststoffe leichter und gleichzeitig stabiler geworden, die klobigen runden Teller von einst sind durch kleine, aerodynamische Dinger mit Hartmetallspitze ersetzt, die auch bei hartem Schnee und in eisigen Loipen für guten Halt sorgen. Große Teller bieten sich nur beim Querfeldeingehen an, im weichen Tiefschnee bieten sie mehr Widerstand. Auch an den Stöcken sollte nicht gespart werden. Die Qualität und das Material (Aluminium, Fiberglas, Karbon oder andere Kohlenstoffverbindungen) des Rohrs bestimmen den Preis. Karbonstöcke haben ein sehr geringes Eigengewicht und übertragen keine störenden und belastenden Schwingungen auf die Hand-, Ellbogen- und Schultergelenke. Je nach Marke und Karbonanteil kostet ein Paar zwischen 50 und 300 Euro.

Die richtige Stocklänge

Die Stöcke sollen den Vortrieb unterstützen. Die richtige Stocklänge spielt für die Bewegungsökonomie eine wichtige Rolle. Zu kurze oder zu lange Stöcke bedeuten ungünstige Hebelverhältnisse – und meist einen deutlich höheren Kraftaufwand. Mit zu kurzen oder zu langen Stöcken lässt sich die Kraft nicht optimal übertragen – das bedeutet geringeren Vortrieb. Und mithin auch einen geringeren Trainingseffekt.
Ausschlaggebend sind natürlich die Körpergröße und der Körperbau. Aber auch die Leistungsfähigkeit und Erfahrung, die individuelle Technik – und vor allem die Stilart (klassisch, Skating, Nordic Cruising) spielen eine entscheidende Rolle für die optimale Stocklänge.

Für Einsteiger und Genussläufer eignen sich preiswerte Aluminiumstöcke. Auch die Stocklänge sollte etwas kürzer gewählt werden – das erleichtert das Erlernen der richtigen Technik.
Fortgeschrittene und sportlich Ambitionierte sollten eher einen Karbonstock wählen. Mit etwas längeren Stöcken lässt sich die Armarbeit deutlich intensivieren.

Die Ausrüstung

Karbonstöcke haben folgende Vorteile: Sie sind sehr leicht, extrem elastisch, sehr stabil, schwingungsarm und langlebig.

Als Faustformel gilt:
→ Bei der klassischen Technik: Körpergröße x 0,85
→ Bei Skating: Körpergröße x 0,9
→ Bei Nordic Cruising: Körpergröße x 0,75

Unter Stocklänge verstehen wir das Maß von der Stockspitze zum Schlaufenausgang. Prinzipiell sollten Einsteiger etwas kürzere Stöcke wählen, für kräftige, erfahrene Läufer sind längere Stöcke geeignet.

Funktionelle Bekleidung

Mit Sportbekleidung, die ein Höchstmaß an Funktion und Komfort bietet, macht Skilanglauf noch mehr Spaß. Auch wenn es noch so kalt ist: Körperliche Aktivität ist immer auch mit der Produktion von Schweiß verbunden, dem natürlichen Kühlwasser unseres Körpers. Wenn wir uns sehr intensiv anstrengen, heizt der Organismus auf, es werden bis zu 1,5 Liter Schweiß pro Stunde produziert. Der dicke Pulli, das klassische Baumwoll-T-Shirt drunter und der alte Anorak darüber sorgen nicht gerade für ein gutes Temperaturmanagement. Wie ein Schwamm saugt sich die Kleidung mitunter voll. Kein gutes Gefühl, wenn diese Feuchtigkeit in den Klamotten bleibt – und vor allem ein Risiko für die Gesundheit. Mit nasskalter Kleidung am Körper geht der Spaß ganz schnell flöten. Schlimmer noch: Verkühlungen, Erkältungen, Verspannungen und Muskelentzündungen sind geradezu vorprogrammiert.

Der Schweiß sollte also vom Körper wegtransportiert werden. Moderne, funktionelle Sportbekleidung aus Kunst- und Mikrofasern (wie Polyester und Elastan, Gore- oder Sympatex) ist atmungsaktiv, hält trocken und warm. Sie sorgt dafür, dass:

Beim Skilanglauf sollten Sie unbedingt eine Sonnenbrille bzw. Sportbrille tragen. Sie ist ein wichtiger Schutz vor UV-Strahlung und der extremen Helligkeit durch die Reflektion des Schnees. Außerdem bietet eine Sonnenbrille auch Schutz vor den Stockspitzen, wenn andere vor Ihnen durch die Loipe toben.

→ die Feuchtigkeit von der Haut transportiert wird,
→ der Temperaturhaushalt reguliert wird,
→ der Körper auch bei widrigen Wetterverhältnissen (Regen, Schnee, Wind und Sturm) vor Kälte und Nässe geschützt wird,
→ die körperliche Leistungsfähigkeit erhalten bleibt, weil die Muskulatur, Bänder, Sehnen und Gelenke warm gehalten werden.

Funktionswäsche schafft Wohlbefinden. Bei Winterwäsche bieten sich zwei Möglichkeiten an: entweder eng anliegende Wäsche (da sorgt die Körpertemperatur fürs Verdampfen der Feuchtigkeit) oder Wäsche mit einem hohen Anteil Merinowolle (sie speichert gut, ohne sich nass anzufühlen).

> → Damit die Kleidung ihre Funktion erfüllen kann, sollte sie in drei Schichten getragen werden:
> 1. Die Funktionsunterwäsche (mit langen Armen und Beinen) wird direkt auf der Haut getragen.
> 2. Darüber trägt man Thermo-Lauftights, eine enge Hose und dazu eine Jacke, die atmungsaktiv und windabweisend sein sollte. Bei großer Kälte kann man noch eine Weste über dem Laufshirt anziehen.
> 3. Die letzte Schicht sollte atmungsaktiv, winddicht und wasserabweisend sein. Dafür sind unterschiedlichste Materialien im Einsatz, von denen GoreTex das bekannteste ist.

Den Körper vor Kälte schützen

Kälte kann sehr schnell zur Spaßbremse werden. Deshalb sind qualitativ hochwertige Handschuhe und eine warme Kopfbedeckung in den Wintermonaten selbstverständlich. Und auch bei den Socken bieten sich hochwertige Funktionsteile an, weil nämlich nur trockene Füße warm bleiben. Moderne Hightechmaterialien sorgen dafür, dass klamme Finger und kalte Füße beim Skilanglauf der Vergangenheit angehören.

Kopfbedeckung

Wussten Sie, dass über den Kopf mehr als 50 Prozent der Wärme verloren gehen? Bei Kälte und Wind sind deshalb eine Mütze oder wenigstens Ohrenschützer oder ein Stirnband dringend zu empfehlen. So kann man zudem Ohrenschmerzen und Stirnhöhlenvereiterungen vorbeugen. Auch bei der Kopfbedeckung ist zu atmungsaktiven (und weichen) Materialien zu raten, die beim Schwitzen keinen Juckreiz auslösen.

Handschuhe

Langlaufhandschuhe sollten einerseits dünn sein, um ein zu starkes Schwitzen zu verhindern. Andererseits sollen sie aber wärmen. Spezielle Skilanglaufhandschuhe können das: Sie sind winddicht, atmungsaktiv – dazu dehnbar, anschmiegsam und robust genug, um das Entstehen von Blasen an den Händen zu verhindern. Ein breiter, wasserfester Neoprenbund mit Klettriegel schließt am Handgelenk ab. Für große Kälte sind leicht gefütterte Handschuhe empfehlenswert.

Kopfbedeckung: Eine Mütze sollte bei Kälte ein Muss sein. Denn ein Großteil der Körperwärme geht über den Kopf verloren.

Mit Skilanglauf vertraut machen

Und auf einmal stehen Sie da, mit Latten unter den Füßen. Für die meisten ein völlig neues, ein total ungewohntes Gefühl. Denn die Dinger – egal ob klassischer Langlaufski, Skatingski oder Nordic Cruiser – sind doch einigermaßen schmal – und verdammt glatt können sie auch sein. Da ist es manchmal gar nicht so einfach, in der Balance zu bleiben. Also keine schlechte Idee, wenn sich Einsteiger – bevor es mit dem eigentlichen Erlernen der Technik losgeht – erst einmal ein wenig mit den neuen Sportgeräten, die irgendwie als verlängerte Beine fungieren sollen, vertraut machen.

Apropos Technik. In einem älteren Lehrbuch (»Skilanglauftechnik«) von Halldor Skard findet sich der unfreiwillig komische Hinweis: »Die Skilanglauftechnik ist die Art und Weise, mit der der Langläufer oder die Langläuferin die Bewegungsprobleme auf dem Langlaufski löst. Das Lösungsergebnis kann mehr oder weniger erfolgreich sein.«

Langsam in die neue Bewegungsform finden

Machen Sie sich den Einstieg nicht unnötig schwer, schließlich soll Skilanglauf ja Spaß machen. Tasten Sie sich Schritt für Schritt in die neue Bewegungsform hinein. Sehen Sie die Sache spielerisch:

→ Machen Sie sich zunächst klar, welche Technik für Sie infrage kommt: Auf der nächsten Seite finden Sie dazu einen kleinen Test.
→ Wählen Sie für die ersten Schritte am besten ein flaches bis leicht ansteigendes Gelände aus.
→ Gehen Sie zum Eingewöhnen zunächst ohne Stöcke. Lassen Sie die Arme locker mitschwingen.
→ Erhöhen Sie die Geschwindigkeit ein bisschen. Die Arme schwingen wieder aktiv mit.
→ Nehmen Sie nun die Stöcke hinzu. Fassen Sie die Stöcke in der Mitte und unterstützen Sie das Schwingen der Arme.
→ Danach laufen Sie mit geringem Stockeinsatz. Ziehen Sie die Stöcke anfangs einfach hinter sich her. Allmählich setzen Sie dann die Stöcke stärker ein.
→ Verlegen Sie Ihre Bemühungen jetzt in tieferen Schnee.
→ Laufen Sie mit Stockeinsatz und lassen Sie die Arme mitschwingen.

Klassik, Skating oder Cruising – finden Sie zunächst mit einem kleinen Test (siehe nächste Seite) heraus, welche Technik für Sie infrage kommt.

Die ersten Schritte

Klassik, Skating oder Cruising – welche Technik

Beantworten Sie bitte die folgenden Fragen (jeweils nur eine Antwort pro Frage). Für jedes a gibt es 1 Punkt, für jedes b 2, für jedes c 3 und für jedes d 4 Punkte. Zählen Sie Ihre Punkte nach Beantwortung der Fragen zusammen. Die Auswertung finden Sie am Ende dieses Fragebogens.

→ Wie oft in der Woche sind Sie derzeit schon sportlich aktiv?
  a Überhaupt nicht
  b 1 bis 3 Mal
  c 3 bis 5 Mal
  d Mehr als 5 Mal

→ Wie anstrengend wäre für Sie eine vierstündige Bergtour (das Tempo könnten Sie selbst bestimmen)?
  a Für mich nicht zu schaffen, egal in welchem Tempo
  b Wäre sehr anstrengend für mich
  c Wäre anstrengend, aber gut zu machen
  d Könnte ich locker bewältigen

→ Sie sind schon Jogger? Welche Distanz laufen Sie gewöhnlich?
  a Ich bin nicht aktiv
  b Bis 30 Minuten
  c 30 bis 75 Minuten
  d Mehr als 75 Minuten

→ Haben Sie Erfahrungen mit Nordic Walking?
  a Nein
  b Ich gehe manchmal mit den Stöcken los
  c Ja, ich habe einen Nordic-Walking-Kurs gemacht
  d Ich bin Nordic-Walking-Instructor

→ Wie viele Liegestütze schaffen Sie?
  a Gar keine
  b 1 bis 15
  c 15 bis 40
  d Mehr als 40

ist für mich am besten geeignet?

→ Welche der folgenden Sportarten betreiben Sie regelmäßig?
- a   Keine
- b   Wandern, Spazierengehen, Radeln
- c   Spielsportarten (z.B. Fußball, Tennis), Klettern, Reiten, Ski alpin
- d   Inlineskating, Nordic Walking, Nordic Blading

→ Nehmen Sie manchmal an Wettkämpfen teil?
- a   Nein
- b   Ja, manchmal – aber nur zum Spaß
- c   Ja, ein paarmal im Jahr
- d   Ich bereite mich gezielt vor

Die Auswertung

→ **Bis 11 Punkte:** Sie sind ein Einsteiger, der sich für den Skilanglauf interessiert – prima! Ihr Fitnesslevel ist derzeit sicherlich nicht besonders hoch, aber die Entscheidung, in Schwung zu kommen, ist getroffen. Für Sie ist zunächst die klassische Technik oder Nordic Cruising geeignet.

→ **12–20 Punkte:** Sie sind Freizeitsportler und haben offenbar schon eine ganz gute Kondition, weil Sie regelmäßig sportlich aktiv sind. Zum Einstieg in den Skilanglauf sollten Sie zunächst auch die klassische Technik wählen. Wenn Sie solide Erfahrungen mit Inlineskating oder Nordic Walking haben, kommt auch sofort das anfangs ziemlich kraftaufwändige Skating für Sie infrage.

→ **Über 20 Punkte:** Sieht so aus, als wären Sie ein ambitionierter Sportler, der regelmäßig trainiert, körperbewusst und fit ist. Wenn Sie erstmals mit Skilanglauf in Berührung kommen, können Sie direkt mit der etwas anspruchsvolleren Skatingtechnik einsteigen.

Eng verwandt: Nordic Walking und der (klassische) Skilanglauf sind Ausdauersportarten, die dem Prinzip der Kreuzkoordination folgen. Wer schon Erfahrungen im Nordic Walking hat, wird sicher leichter den Einstieg in den Skilanglauf finden.

Aufwärmen

Grundsätzlich sollten Sie beim Skilanglauf Ihre Systeme immer langsam hochfahren. In der Praxis bedeutet das: Aufwärmen. Die Atmung, das Herz-Kreislauf-System sollten schonend und kontinuierlich in Fahrt gebracht werden. Anfangs also einfach gemächlich gehen. Auch die Geübten sollten in den ersten 10 Minuten ihr Anfangstempo deutlich niedriger wählen als ihr gewohntes Tempo. Nach diesem »Warmwandern« sollten idealerweise Koordinations-, Gleichgewichts- und Dehnübungen folgen. Denn so viel steht fest: Je beweglicher Sie sind, desto geringer die Verletzungsgefahr! Beginnen Sie am besten mit Warm-up-Übungen auf der Stelle.

1 Walken auf der Stelle
Diese Aufwärmübung ist ganz einfach: die Arme weit schwingen und dabei die Knie hochziehen (etwa 1 bis 2 Minuten).

2 Hoch-Tief Stabiler Stand. Greifen Sie die Stöcke in Schulterbreite über Ihrem Kopf und ziehen Sie diese mit Spannung bis in den Nacken. Wiederholen Sie diese Übung ca. 20 Mal.

Gleichgewichtsübungen

Egal ob beim Skating oder der klassischen Technik – wenn Skilanglauf leicht und spielerisch sein soll, kommt es immer darauf an, möglichst im Gleichgewicht zu sein. Die Gleichgewichtsverlagerung ist also das A und O. Nur dann lässt sich die eingesetzte Kraft zum schwerelosen Gleiten nutzen – Sie schweben fast über den Schnee. Sie können Ihr Gleichgewicht mit ein paar einfachen Übungen trainieren.

1 Einbeinstand Versuchen Sie, auf einem Bein zu stehen. Stützen Sie sich mit den Händen an der Hüfte ab. Wichtig: Versuchen Sie, möglichst ruhig zu stehen.

2 Wechsel im Einbeinstand Jetzt auf das andere Bein wechseln, wieder ruhig stehen. Wenn Sie die Arme noch stark zum Ausgleichen brauchen, besteht Verbesserungsbedarf.

Starke Gewichtsverlagerung

Die Balance finden und halten – das ist das A und O beim Skilanglaufen und besonders beim Skating. Bei diesen vier ganz einfachen Übungen geht es vor allem um eine kontrollierte Gewichtsverlagerung. Bauen Sie solche Übungen immer wieder mal in Ihren Trainingsplan ein, sie eignen sich bestens als Vorübung fürs Skating.

1 Leichte Grätsche, die Beine sind gebeugt. Stöcke in Hüfthöhe halten. Aus der tiefen Position aufstehen, das Gewicht auf nur ein Bein verlagern.

2 Den Körper komplett aufrichten, der Körperschwerpunkt sollte 3 Sek. auf einem Bein ruhen. Danach Beine beugen und zurück in die leichte Grätsche.

3 Den Körperschwerpunkt in die Körpermitte verlagern. Beim nächsten Aufstehen wird der Schwerpunkt jetzt aufs andere Bein verlagert.

4 Der Körper geht in eine hohe Position, die Beine sind nahezu gestreckt. Jetzt sollte das Gleichgewicht wieder 3 Sek. auf einem Bein gehalten werden.

Aufstehen

Hinfallen kann jeder. Auch Fortgeschrittene liegen plötzlich im Schnee. Weil für einen Moment die Konzentration oder auch die Kraft fehlte. Weil es ganz einfach zu schnell wurde. Weil man aus der Kurve getragen wurde. Weil man sich mit den Stöcken verhedderte. Weiß der Teufel warum, aber plötzlich liegt man da. Peinlich? Natürlich nicht. Hier also der kleine Trick, um ganz leicht wieder auf die Beine zu kommen.

1 Skier parallel und talwärts stellen, also gegen den Hang. Den Oberkörper bergwärts ausrichten und die Beine anziehen.

2 Jetzt die Fersen hinter den Po bringen, also hinter den Körperschwerpunkt.

3 Jetzt auf die Knie gehen, mit den Händen abstützen. Anders als beim Alpinski lassen das die Bindungen bei Skilanglauf zu (keine Fersenfixierung).

4 Mit Hilfe der Arme aufstehen: Bringen Sie den Körperschwerpunkt über die Skier. Stellen Sie den Ski gegen den Hang – sonst fahren Sie unfreiwillig weg.

Skilanglauf klassisch –
wie Sie die Technik leicht lernen

Die klassische Technik

Die natürliche Bewegungsform

Prinzipiell ist der klassische Skilanglauf wie Gehen – nur eben mit lattenartigen Sportgeräten unter den Füßen. Und als Form der Fortbewegung ist der Skilauf uralt. Um nicht ständig im Schnee (oder im Sommer in den ausgedehnten Sumpfgebieten) einzusinken, ersannen die Menschen schon sehr früh allerlei Gerätschaften, Geflechte, Trittlinge, Stapfhilfen, Holzplatten – immer mit der Absicht, die Trittfläche zu vergrößern.

Die ersten Spuren von der Existenz des Skis finden sich in zahlreichen Felsbildern und Moorfunden der ausgehenden Mittel- und Jungsteinzeit (ca. 4500 bis 3000 v. Chr.). Der älteste Fund ist der »Ski von Hoting« (110 cm lang, 10 cm breit, 1 cm dick), der in einem schwedischen Moor geschätzte 5000 Jahre überdauerte. Auch Ötzi, die Gletschermumie, hatte einfache Schneeschuhe dabei. Insbesondere in den schneereichen nordischen Gebieten, in Skandinavien also und entlang des nördliches Eismeeres, wurden Ski seit Tausenden von Jahren als nützliche Vehikel zur Fortbewegung, bei der Jagd und im Krieg geschätzt – und waren unverzichtbar.

Der Mensch bewegt sich schon seit Jahrtausenden auf Skiern. Der erste Skiclub wurde 1877 in Oslo gegründet, der erste deutsche Skiverein entstand 1890.

Sicheren und festen Abdruck finden

Beim Gehen drückt sich der Fuß bei jedem Schritt vom Boden ab und findet dabei einen Halt, denn der Untergrund ist stabil (Ausnahme: Schnee und Eis) und bietet einen sicheren Abdruck. Beim Gehen mit ungewohnten Langlaufskiern unter den Füßen gelten die natürlichen Gesetze des Gehens so nicht mehr. Denn beim Abdruck findet der Fuß plötzlich kein festes Fundament mehr – er rutscht zurück. Dieses Zurückrutschen beim Abdruck muss also verhindert werden. Dafür gibt es zwei Möglichkeiten. Einmal kann das Material (Haftwachs unter dem Ski, Nowax-Belag, also Schuppen, kleine Stufen) dabei helfen, den Abdruck stabilisieren. Und zum anderen sollte es für jeden möglich sein, mit ein paar Übungen einen sauberen Abdruck zu erlernen.

Beim Gehen bewegen wir uns im Diagonalschritt. Ganz natürlich bewegen sich die diagonal gegenüberliegenden Gliedmaße (z.B. rechter Fuß und linker Arm und dann linker Fuß und rechter Arm) immer in dieselbe Richtung. Das ist beim klassischen Skilanglauf auch so. Der Diagonalschritt ist dem Bewegungsablauf beim Gehen sehr ähnlich.

Skilanglauf klassisch

Wenn also die Eleganz dieser Stilart gewürdigt wird, hat das vor allem auch damit zu tun, dass die klassische Technik sich durch ihre ganz natürliche Bewegung auszeichnet.

Zwei Merkmale sind für die klassische Technik charakteristisch. Erstens: die (fast) parallele Skiführung. Und zweitens: die Phase des stillstehenden Skis beim Abdruck.

Die Möglichkeiten bei der klassischen Technik

Das Schöne beim Skilanglaufen ist ja auch, dass es die Natur ist, die zu einer Art natürlicher Arena wird. Mal ist das Gelände topfeben oder kupiert, mal geht es steiler bergauf, mal etwas leichter. Und mal bietet sich die Gelegenheit, bei einer Abfahrt auch richtig Fahrt aufzunehmen. Für all diese Herausforderungen gibt es beim klassischen Skilauf spezielle Techniken, die ein dem Gelände angepasstes Laufen ermöglichen:

→ Der Diagonalschritt (als Grundbewegungsform)
→ Die Doppelstocktechnik als schnellere Gangart (hier wird der Oberkörper stark beansprucht)

Suksi – der Ski, das älteste Sportgerät der Welt

»Es ist das Verdienst der Finnen als Volksstamm – und nicht etwa nur der heutigen Bewohner von Suomi –, die primitiven Schneeschuhe zum Vorläufer der modernen Sportski entwickelt zu haben ... Auch die Etymologie, die Forschung nach dem Ursprung des Wortes Ski, gibt Aufschluss. Man nimmt heute an, dass die Urheimat des heutigen Ski auf der karelischen Landenge zu suchen ist. Das finnische Wort Suksi – Ski – ist nämlich allen finnisch-ugurischen Sprachen gemein und weist auf die voruralische Zeit hin, die etwa 4000 bis 5000 Jahre zurückliegt. Der Begriff Suksi bedeutete nie etwas anderes als Ski, während die heutige Bezeichnung des Geräts nach dem norwegisch-dänischen etymologischen Wörterbuch ursprünglich ein Scheit meinte, ehe man darunter den Schneeschuh verstand.«

Aus: Bruno Moravetz (Hg.), Das große Buch vom Ski (1981)

→ Der Grätenschritt (für Steigungen)
→ Abfahrts- und Kurventechniken

Das Fünfgangmodell

Oftmals fehlen Einsteigern noch das Gefühl und das Wissen, welche Technik sich in welchem Gelände am besten eignet. Der Deutsche Skilehrerverband hat ein sehr griffiges Bild dafür entwickelt: Das Fünfgangmodell.

→ Der Grätenschritt wäre vergleichbar mit dem niedrigsten Gang beim Autofahren. Diese Technik wird an Anstiegen genutzt.
→ Wenn es im Gelände in mittlere Steigungen geht, sollte man in den 2. Gang schalten – den Diagonalschritt am Anstieg.
→ Wenn das Gelände zwar noch ansteigt, aber eher flach, sollte man in den 3. Gang schalten – den Diagonalschritt in der Ebene.
→ Wenn das Gelände eben ist und sogar leicht abfällt, sollte man in den schon sehr ökonomischen 4. Gang schalten – Doppelstock mit Zwischenschritt.
→ Der höchste, der 5. Gang – der Doppelstockschub – ist die bevorzugte Technik für schnelle Bedingungen in der Ebene und bei leichten Abfahrten.

Das Fünfgangmodell der klassischen Technik: Welche Variante gerade am besten geeignet ist, hängt davon ab, wie eben oder steil es ist (Geländeneigung in Prozent) – und von der Geschwindigkeit.

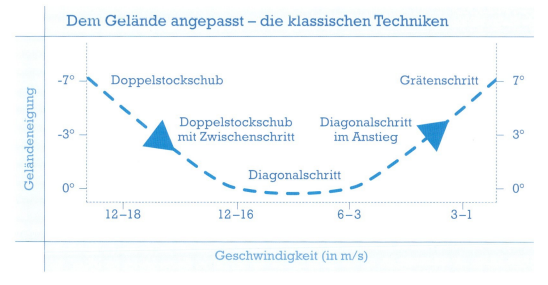

Quelle: DSLV (Deutscher Skilehrerverband)

Der Diagonalschritt

Der Diagonalschritt, die Grundtechnik beim klassischen Skilanglauf, ist eine sehr alltagsnahe Bewegung und steht ganz am Anfang des Lernprozesses. Diese Technik heißt so, weil die Bewegungen diagonal zur Körperachse ausgeführt werden. Es geht wie beim normalen Gehen oder Nordic Walking auch: Man bringt einmal das rechte Bein und den linken Arm nach vorne – und dann das linke Bein und den rechten Arm. Weil der Diagonalschritt unsere natürliche Gehbewegung ist, ist es am besten, wenn Sie über diese Technik nicht lange nachdenken, sondern einfach Ihrem normalen Rhythmus folgen. Hier auf einen Blick, worauf es beim Diagonalschritt ankommt:

Die klassische Technik beim Skilanglauf baut auf den Diagonalschritt auf – es ist eine ganz natürliche Bewegung. Der Oberkörper ist dabei immer leicht gebeugt.

❶ Kreuzkoordination Arme und Beine werden wechselseitig/diagonal zueinander bewegt – und parallel zum Körper.

❷ Rotation Die Schulterachse rotiert dem natürlichen Bewegungsmuster folgend gegengleich zur Beckenachse.

❸ Armbewegung Sie soll raumgreifend sein. Die Arme bleiben dabei fast gestreckt.

❹ Offene Hand Die Hand öffnet sich bei jeder Bewegung jeweils mit dem Armschwung nach hinten.

❺ Stockposition Die vordere Stockspitze wird etwa in Höhe der Bindung des vorderen Fußes eingesetzt.

❻ Körperschwerpunkt Er wird wechselseitig vom Abstoßbein auf das Gleitbein verlagert. Das Einbeingleiten gelingt nur, wenn der Körperschwerpunkt über dem Gleitbein ist.

❼ Hohe Hüftstellung Sie ist sehr hilfreich und eine Art Umkehrpunkt der Bewegung, damit die Muskulatur entlastet wird und der Körper mühelos auf den Skiern dahingleiten kann.

Die Grundtechnik – der Diagonalschritt

Skilanglauf klassisch

Die Diagonaltechnik – Schritt für Schritt

Die Grundlage bei der klassischen Technik. Für das erste Training des Diagonalschrittes sollten Sie am besten eine flache, gut präparierte Loipe wählen, um eine saubere Skiführung und einen sicheren Abdruck hinzubekommen. Es kommt nämlich besonders darauf an, sich wie beim normalen Laufen mit dem Fuß (und dem Ski am Fuß) aktiv abzudrücken. Die Arme unterstützen die Bewegung, die für Vortrieb sorgen soll.

1 Der Beginn der Armabstoßphase. Der linke Arm sorgt für einen kräftigen Stockeinsatz in Höhe der Bindung. Das rechte Bein ist in der Gleitphase.

Die Diagonaltechnik

2 Der linke Arm stößt weiterhin nach hinten ab. Das linke Bein und der rechte Arm schwingen nun nach vorne.

3 Jetzt beginnt der Beinabstoß rechts, während der linke Arm weiterhin nach hinten abstößt.

4 Beginn der Gleitphase linkes Bein. Linker Arm schiebt nun mit geöffneten Händen (Druck in die Schlaufe) fast bis zur völligen Streckung nach hinten.

5 Für einen kurzen Moment gleiten Sie nur auf einem Bein. Es kommt auf eine hohe Hüftstellung an, der Körperschwerpunkt soll auf dem linken Bein sein.

Die Diagonaltechnik – von soft bis sportlich

Die Technik für unterschiedliche Standards und Bedürfnisse

Bei der klassischen Technik des Skilanglaufs lässt sich die Intensität sehr gut steuern. Einsteiger, Fortgeschrittene und ambitionierte Sportler, die z. B. für einen Volkslauf trainieren – alle können in der Grundtechnik Diagonal auf ihre Weise sehr effektiv trainieren. Beim Deutschen Skiverband (DSV) werden die unterschiedlichen Bedürfnisse der Skiangläufer (und auch der Nordic Walker) in drei Gruppen eingeteilt.

Die Softtechnik

zielt auf den Einsteiger ab. Die Merkmale der Softtechnik sind:
→ Mittlerer Bewegungsumfang und mittlere Schrittlänge
→ Aufrechte Körperhaltung
→ Die Hände schwingen mindestens bis zur Hüfte
→ Das Abstoßbein wird nach der Abstoßphase beim Durchschwingen nach hinten leicht vom Boden genommen. Die Gleitphase ist kurz.

Wenn beide Skier immer am Boden bleiben, spricht man auch vom Gleitschritt, der sehr viel Sicherheit bietet, weil kaum Gleichgewichtsgefühl gefragt ist. Der Vortrieb ist allerdings sehr mäßig. Wenig Gefühl des Einbeingleitens.

Die Fitnesstechnik

ist optimal für den Hobby- und Freizeitsportler, der Spaß an effektivem Training hat. Die Merkmale der Fitnesstechnik sind:
→ Großer Bewegungsumfang, lange, aktive, raumgreifende Schritte
→ Aktiver Stockeinsatz; die Arme schwingen an der Hüfte vorbei – bis zur Streckung. Die Hände öffnen sich beim Ausschwingen nach hinten.
→ Das Abstoßbein schwingt nach dem Abstoßen nach hinten durch, der Körperschwerpunkt ist auf dem Gleitbein – das verlängert die Gleitphase.

Die Sporttechnik

fordert sportlich Ambitionierte. Sie ermöglicht geländeangepasstes Laufen in allen Formen. Also z.B. kurze Schritte bei steilen Anstiegen oder professionelles Kurventreten als »angesprungener Siitonen« (Ambitionierte wissen schon, wovon wir reden …).

Technisch sauber laufen: Der Armeinsatz spielt dabei eine wichtige Rolle. Der gesamte Armeinsatz muss wirklich parallel zum Ski erfolgen. Einsteiger neigen dazu, die Stöcke vor die Brust zu ziehen. Folge: Der Abstoß erfolgt zu sehr zur Seite, der Vortrieb wird behindert.
Tipp: Achten Sie darauf, dass Sie die Stöcke nicht mehr als zehn Zentimeter neben dem Ski einstechen.

Skilanglauf klassisch

Die Doppelstocktechnik

2 **Beginn der Zugphase:** Die Fersen können leicht abheben. Der Oberkörper lässt sich gewissermaßen in die Stöcke fallen.

1 **Die Ausgangsstellung bei der Doppelstocktechnik:** Die Arme werden aktiv in Schulterhöhe gebracht. Der Körperschwerpunkt wird nach vorne verlagert. Sie spüren Druck auf den Fußballen.

Ein einziges Gleiten auf den Skiern. Durch die Doppelstocktechnik, durch parallelen und gleichzeitigen Stockeinsatz, verschaffen Sie sich einen enormen Vortrieb. Dabei wird auch der Oberkörper stark eingesetzt. Die Stöcke werden mit möglichst geraden Armen nach vorne geführt, der Oberkörper richtet sich vollständig auf – und dieser Bewegungsablauf wiederholt sich in raschem Rhythmus. Diese Technik ist kraftaufwändig, aber sie sorgt auch für enorme Geschwindigkeit in der Loipe. Wichtig ist, dass die Schlaufen an den Stöcken optimal eingestellt sind. Ein häufiger Fehler, der sich leicht vermeiden lässt: Die Stockspitzen werden oftmals zu weit vorne eingesetzt. Dann lassen sich die Stöcke nicht so gut nach hinten durchziehen, die eingesetzte Kraft verpufft teilweise.

Doppelstocktechnik

3 Fortsetzung der Zugphase: Oberarm- und Oberkörpermuskulatur werden gleichzeitig eingesetzt. Die Stöcke werden mit Kraft an den Beinen vorbeigezogen. Gehen Sie dabei nicht zu stark in die Hocke.

4 Schubphase: Die Arme sind nun vollständig gestreckt, die Hände öffnen sich. Die Kraft der Arme geht über die Schlaufen auf die Stöcke in den Schnee. Kopf und Rücken bilden eine Linie.

5 Aufrichtphase: Die Stöcke verlassen den Schnee und schwingen nach hinten aus.

6 Gleitphase: Während Sie auf beiden Beinen gleiten, werden die Arme wieder nach vorne oben geholt, der Oberkörper richtet sich wieder komplett auf.

Skilanglauf klassisch

Doppelstocktechnik mit Zwischenschritt (für Fortgeschrittene)

Doppelstock mit Zwischenschritt. Diese Technik, bei der Elemente der Diagonaltechnik mit der Doppelstocktechnik kombiniert werden, bietet sich an, wenn das Gelände leicht ansteigt. Dieser Laufstil erfordert ein gutes Koordinationsvermögen und viel Kraft. Für Einsteiger sind der Diagonalschritt und die Doppelstocktechnik völlig ausreichend.

1 Beim Vorschwingen der Arme erfolgt der Beinabstoß von nur einem Bein, während das andere Bein weitergleitet. Es kommt auf diese Weise zum kurzen Einbeingleiten.

2 Mit dem Einstechen der Stöcke beginnt der Armabstoß und das Bein schwingt wieder nach vorne. Beim nächsten Aufrichten des Oberkörpers erfolgt ein neuer Beinabstoß.

Kurventechnik/Abfahren

Die Kurventechnik. Kontrolle ist alles! Prinzipiell gilt: Je schneller es in die Kurve geht, umso mehr müssen Sie mit gebeugten Beinen kompakt bleiben und zur Richtungsänderung oder zum langsamer werden die Pflugtechnik einsetzen. Aus der Abfahrtshaltung werden die Skienden auseinandergeschoben und aufgekantet. Dies geschieht durch Zusammendrücken der Knie. Die Hände gehören vor den Oberkörper, die Stöcke werden halbhoch gehalten. Dadurch kommt der Körper in eine zentrale Position über den Ski.

Die Kurventechnik: Das Gewicht liegt auf dem Außenski. Durch Aufkanten beider Skier driftet (bzw. kratzt) man so durch die Kurven und verringert die Geschwindigkeit.

Die Abfahrtstechnik. Beide Skier werden beim Abfahren gleichmäßig belastet. Während der Abfahrt kann man sich meist ein bisschen erholen. Es geht also darum, Beine und Arme für kurze Momente zu entlasten. Nicht nur als Rennläufer, auch als Freizeitsportler macht es Spaß, eine aerodynamische Haltung einzunehmen, um noch ein bisschen mehr Speed zu bekommen. Übrigens: Diese Abfahrtshaltung gilt ebenso für die Stilart Skating.

Die Abfahrtstechnik: Die Ellenbogen liegen auf den Oberschenkeln auf – eine Position, die aerodynamisch und vor allem relativ entspannend ist.

Skating –
wie Sie die Technik lernen

Der schnelle Stil

Dynamisch, ästhetisch und rasant

Große Momente. An den 19. Februar 2002 denkt er immer wieder besonders gerne zurück. Olympische Spiele in Salt Lake City, das Finale im 1 500-Meter-Sprint. Die letzten Meter zum Ziel. Vor ihm der Norweger Thor Arne Hetland und Christian Zorzi (Italien). Peter Schlickenrieder: »Ich kann die Beschleunigung aus der Kurve heraus optimal nutzen, die allerletzten Kräfte mobilisieren, für große, schnelle Skatingschritte. Bloß nicht stürzen. Hetland hält seine Kampflinie, ich komme nicht vorbei. Aber den Zorzi kann ich im Finish noch schnappen, um einen Schritt schneller schaffe ich es ins Ziel.
›Sensationelle Silbermedaille‹, urteilten damals die Journalisten. Oh ja, ein großer Moment, ein unglaublicher Moment. Noch heute läuft mir ein angenehmer Schauer über den Rücken, wenn ich diese letzten Schritte ins Ziel rekapituliere.
Schlittschuhschritte, Skatingschritte. Mit besonders kraftvollen, ausgeprägten, schnellen Skatingschritten hatte ich mir meinen ganz großen Traum – eine Medaille bei den Olympischen Spielen – erfüllen können.«
Skating und der Kick der Geschwindigkeit – seit Mitte der 1980er-Jahre hat sich diese Stilart neben dem klassischen Stil etabliert. Immer mehr Einsteiger interessieren sich nur noch fürs Skating. Warum? Weil Skating sehr ästhetisch und sehr dynamisch wirkt. Und weil es schneller, athletischer ist als die klassische Technik. Beim Skating kommen sanftes Gleiten und Rasanz zusammen. Ein effektives Zusammenspiel von Arm- und Beinarbeit ermöglicht eine optimale Kraftübertragung. Skating ist eine optimale Kombination aus Body-Workout, Speed (man erreicht in der Ebene bis zu 40 km/h) und Naturerlebnis.

Der schnelle Schlittschuhschritt

Die größere Effektivität der Skatingtechnik erklärt sich so: Da das Steigwachs entfällt, ergibt sich eine höhere Gleitgeschwindigkeit durch verringerte Gleitreibung. Hinzu kommt eine bessere Kraftübertragung vom gekanteten, gleitenden Ski – und kein Abstoppen der Skier beim Abstoß. Durch die Überlagerung von Beinabstoß und Doppelstockschub kommt es zu einem größeren Kraftstoß während des Bewegungszyklus und damit zu höherer Laufgeschwindigkeit.

Skating

Kraftvoll und elegant: Skating hat sich neben der klassischen Technik rasch durchsetzen können – als moderne Form des Skilanglaufens.

Die Beschleunigung – durch Abstoßen von den Innenkanten – haben sich die ersten Skater von den Eisschnellläufern abgeschaut. Der Norweger Johan Gröttumsbraaten hatte schon 1928 mit dem Skaten experimentiert. Der Finne Pauli Siitonen entwickelte die Technik systematisch weiter und gewann 1974 schließlich so den prestigeträchtigen König-Ludwig-Lauf in Oberammergau. Trotzdem blieb diese moderne Variante zunächst noch heftig umstritten. Jahrelang tobte eine Diskussion unter Sportmedizinern, ob die »unnatürliche« Schlittschuhschrittbewegung eventuell Belastungsschäden an den Gelenken (Sprung-, Knie- und Hüftgelenk) bescheren könnte. Das hat sich nicht bestätigt. Erst 1985 ließ der internationale Skiverband FIS die »Freie Technik« (Skating) bei Wettkämpfen zu – abwechselnd mit der klassischen Technik. Das – und natürlich die Entwicklung von speziellem Material (Ski, Bindungen, Wachs) – brachte den gewaltigen Schub fürs Skating. Wie gesagt: Nicht nur bei fortgeschrittenen Skiläufern hat sich diese schnellere und kraftvollere Form durchgesetzt. Wann und wo bietet sich diese Variante an? Das hat u.a. mit der Beschaffenheit der Loipe zu tun: Im Tiefschnee lässt sich nicht richtig skaten, und auf einer akkurat gespurten klassischen Loipe sollte man darauf verzichten, um diese nicht zu zerstören. Allerdings gibt es heute in fast allen Skigebieten neben den Klassikloipen längst auch breiter präparierte Spuren (mindestens 2 bis 4 Meter) fürs Skating.

Der Bewegungsablauf ist dem beim Schlittschuhlaufen und Inlineskaten sehr ähnlich. Für alle, die in diesen Sportarten schon Erfahrung haben, ist Skating deshalb auch gut geeignet – als Einstiegstechnik in den Skilanglauf.

Die Stilarten

1:1 (also zu jedem Beinabdruck ein Stockeinsatz), 2:1 symmetrisch (also zwei Beinabdrücke bei einem Stockeinsatz), 2:1 asymmetrisch (also mit Führungsarm; die Technik, die vor allem am Berg zum Einsatz kommt), Siitonen-Schritt, Diagonalschlittschuhschritt – beim Skating

Skatingstilarten

gibt es mehrere Stilarten und eine Vielzahl von Bezeichnungen (siehe Übersicht Seite 50). Stimmt, anfangs können diese feinen Unterschiede verwirren.

Der Schlittschuhschritt ist die Grundlage des Skatens. Er bietet die schnellste Technik im abfallenden Gelände, verlangt lange Gleitphasen und wird ohne Stockeinsatz gelaufen – man klemmt sich die Stöcke einfach unter die Arme oder lässt sie mitschwingen.

Professor Kuno Hottenrott (»Das große Buch vom Skilanglauf«) nimmt es ganz genau: »Beim Schlittschuhschritt erfolgt ein wechselseitiger Beinabdruck jeweils vom gekanteten und gleitenden Ski schräg zur Vortriebsrichtung. Das Abdruckbein wird zum Gleitbein und umgekehrt. Der Körperschwerpunkt befindet sich nach dem Belastungswechsel vom Abdruck- auf das Gleitbein nur kurzzeitig am Anfang der Gleitphase über dem Standbein, so dass das Gleiten zum größten Teil auf der Ski-innenseite und nicht auf dem flachen Ski erfolgt. Fußpunkt und Körperschwerpunkt verlaufen in der Aufsicht parallel und zeigen auf, dass eine Gewichtsverlagerung vom Abdruck- auf das Gleitbein erfolgt.«

Die Technik des Skating bietet mehrere Möglichkeiten. Welche Variante am besten geeignet ist, hängt vor allem davon ab, wie steil es gerade bergab oder bergauf geht (Geländeneigung in Prozent) – und von der Geschwindigkeit.

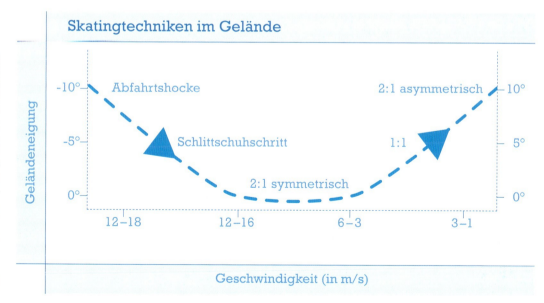

Quelle: Hottenrott/Urban, »Das große Buch vom Skilanglauf«

Langes Gleiten auf dem flachen Ski – so wurde das besondere Merkmal bei allen Skatingtechniken früher beschrieben. Vor allem aber kommt es darauf an, die rhythmischen Pendelbewegungen durch Einbeingleiten und effektives und stetiges Verlagern des Körperschwerpunkts in Vortrieb umzusetzen. Kleine Tricks, um den Bewegungsrhythmus ganz einfach zu üben:

Treten Sie seitwärts nach links oder rechts und variieren Sie dabei die Schrittgrößen. Übersteigen Sie Hindernisse oder Markierungen im Schnee, die Sie vorher ins Weiß zeichnen. Heben Sie aus dem sicheren Stand abwechselnd einen Ski waagerecht an die andere Skispitze, dann abwechselnd nach oben und unten bzw. links und rechts bewegen.

Die verschiedenen Skatingstilarten im Überblick

Stil	Auch bezeichnet als	Art der Bewegung
Halbschlittschuhschritt (HSS)	Siitonen, Finnstep, marathon skate (engl.)	Schlittschuhschritt mit gleichzeitigem Doppelstockschub auf jeden zweiten Beinabstoß mit Armschwung links oder rechts
Schlittschuhschritt (SSS)	Beidseitiger SSS, skating (engl.)	Schlittschuhschritt ohne Stockeinsatz
Diagonalskating	Diagonal skating (engl.), »Trainerschritt«	Schlittschuhschritt mit diagonalem Stockeinsatz
Skating 1:1	Eintakter, V2 skating (engl.)	Schlittschuhschritt mit Doppelstockschub auf jeden Beinabstoß
Skating 2:1	Zweitakter, V1 skating (engl.), manchmal auch 1:2	Schlittschuhschritt mit Doppelstockschub auf jeden zweiten Beinabstoß
Skating 2:1 mit aktivem Armschwung	Pendelschritt, open field skating (engl.)	Schlittschuhschritt mit Doppelstockschub auf jeden zweiten Beinabstoß mit aktivem Armschwung

Quelle: DSV

Einstiegsübungen

Der leichte Einstieg – acht kleine Übungen vorweg

Das A und O beim Skating ist: beim Gleiten ein dynamisches Gleichgewicht zu finden. Machen Sie deshalb (zum allerersten Eingewöhnen) zunächst immer ein paar Vorübungen.

Von der Grobform zur Feinform: Am Ende sollen Sie mit spielerischer Leichtigkeit auf dem Skatingski gleiten können.

1. *Stellen Sie sich auf Ihren Skiern hin, zunächst ohne Stöcke.* Der Skiwinkel, das V, das die Skier bilden, ist leicht geöffnet. Wiegen Sie nun leicht hin und her: Verlagern Sie also Ihr Gewicht abwechselnd auf den linken, dann auf den rechten Ski.
2. *Nun bewegen Sie sich vorwärts, ohne einen Ski zu heben.* Stehen Sie dazu auf den Innenkanten und drücken Sie nach außen. Dieses Aufkanten geht am besten, wenn Sie die Knie gegeneinanderdrücken. Tipp: Setzen Sie beispielsweise ein Bein (das rechte) in die Klassikspur. Jetzt versuchen Sie sich (mit dem linken Bein) abzustoßen. Nach dem Abstoß wird das linke Bein dann wieder automatisch zum rechten Gleit- bzw. Standbein geholt.
3. *Jetzt wiederholen Sie Punkt 1* – allerdings mit kurzer Gleitphase (ohne dass ein Bein in der Klassikspur steht).
4. *Üben Sie nun den Schlittschuhschritt ohne Stöcke.* Versuchen Sie, möglichst lange nach dem Abstoß auf einem Bein zu gleiten.
5. *Jetzt kommen auch die Stöcke ins Spiel.* Setzen Sie die Stöcke diagonal ein: also rechtes Bein und linker Arm nach vorne, dann linkes Bein und rechter Arm nach vorne. Bewegen Sie zunächst die Arme mit den Stöcken ganz leicht und locker.
6. *Nach ein paar Mal* wird es Ihnen sicherlich gelingen, die Stöcke aktiver einzusetzen.
7. *Üben Sie nun die Grundform des Diagonalschlittschuhschritts* (die Kreuzkoordination zur Kontrolle: linkes Bein und rechter Arm vorne, dann rechtes Bein und linker Arm).
8. *Durch den aktiven Armschwung* und das lange Gleiten kommen Sie der Feinform näher.

Die Abstoßbewegung und das Gleiten auf einem Bein sind anfangs – wie auch beim klassischen Stil – nicht ganz einfach. Haben Sie daher ein bisschen Geduld beim Üben.

Einsteigerkurs: An einem Wochenende lässt sich unter professioneller Anleitung die Skatingtechnik lernen.

Die A-und-O-Übung

Beim Skating erfolgt der Abstoß von der gleitenden Innenkante. Viele Einsteiger versuchen anfangs, sich vom flachen Ski abzustoßen – und rutschen deswegen weg. Also üben Sie zunächst das wichtige Aufkanten durch eine Übung im Stand. Sie wird treffend A-und-O-Übung genannt.

1 Die Ausgangsposition Stellen Sie sich auf ein flaches Stück der Loipe. Die Skienden berühren sich fast, während die Skispitzen weit auseinander, also die Füße nach außen gedreht sind. Die Skier dabei flach auf den Schnee stellen.

2 A-Stellung Jetzt versuchen Sie ganz bewusst, beide Knie zusammenzubringen. Dazu stellen Sie sich automatisch auf die Innenkanten der Ski. Die Unterschenkel formen ein A.

3 O-Stellung Jetzt versuchen Sie, ganz bewusst die Knie so weit wie möglich auseinanderzuschieben – die Skier bleiben in der gleichen Position. Sie rollen sozusagen auf dem Ski von der Innen- auf die Außenkante.

Übungen

Vorbereitungsübung

Wie komme ich endlich ins Fahren? Wählen Sie zunächst wieder ein leicht fallendes bis flaches Gelände. Beginnen Sie jetzt mit der Hoch-Tief-Übung auf den Skiern. Diese Übung können Sie natürlich auch mit Stöcken in Vorhalte ausführen. Am Anfang ist es ohne Stöcke jedoch leichter.

1 Machen Sie eine Hochbewegung, während der Körperschwerpunkt auf einem Bein bleibt. Das andere Bein ist in der Luft (noch stehen Sie).

2 Machen Sie jetzt eine Tiefbewegung und verlagern Sie den Körperschwerpunkt auf das andere Bein.

3 Jetzt machen Sie wieder die Hochbewegung mit Aufkanten des belastenden Skis bzw. Beines. Dadurch beginnen Sie langsam, auf diesem Ski zu gleiten.

4 Bei der nächsten Tiefbewegung wird das Bein wieder gespannt, weil Sie es ja abknicken. Durch den Abstoß von der Innenkante beim folgenden Aufrichten »entlädt« sich der gesamte Körper wieder.

Skating

Beinarbeit

Selbst Profis konzentrieren sich immer wieder mal nur auf die Beinarbeit. Achten Sie darauf, dass der Ski beim Aufsetzen auf dem Schnee nah an der Ferse des anderen Beines (Beinschluss) und sehr flach auf der Lauffläche aufgesetzt wird. Dadurch nützen Sie die maximale Gleitphase (Entspannung) aus. Ziel ist, möglichst wenig Kraft einzusetzen und diese so gut wie möglich auszunutzen. Achten Sie auf eine aufrechte Körperhaltung.

1 Gleiten Sie auf dem rechten Bein. Der Körperschwerpunkt liegt auf dem rechten Bein, den rechten Arm nach hinten durchschwingen.

2 Die Arme schwingen in die Gegenrichtung und das linke Bein wird beigeholt, auf dem rechten Bein gleiten Sie immer noch.

3 Das linke Bein setzen Sie so nah wie möglich in Höhe der anderen Ferse ein. Der Körperschwerpunkt wird von rechts nach links verlagert.

4 Die Abstoßphase des rechten Beines – parallel dazu den gegenüberliegenden Arm nach hinten durchschwingen.

Übungen

Koordinationsübung

Diese Trockenübung soll die Koordination für die 2:1 asymmetrische Technik verbessern. »2:1 asymmetrisch« – das heißt so, weil die Abstoßphase der Arme und Beine leicht verzögert ist. Zuerst stoßen die Arme ab, kurz danach die Beine. Auf zwei Beinbewegungen kommt nur ein Doppelstockabstoß (anders als bei der 1:1-Technik, wo die Bewegung jeweils gleichzeitig aus einem Bein- und einem Doppelstockarmabstoß besteht).

1 **Das Knie und die Arme** werden gleichzeitig nach vorne oben gehoben, die Füße stehen wie beim Schlittschuhlaufen nach außen gedreht.

2 **Beim Absenken des gehobenen Beines** dreht sich die Hüfte nun leicht mit, der Körperschwerpunkt auf dieses Bein. Die Arme schwingen parallel nach unten.

3 **Die Arme** werden auch nach dem Aufsetzen des Beines weiter bis hinter die Hüfte durchgeschwungen. Gleichzeitig wird das andere Bein angehoben.

4 **Kommen Sie wieder in die Ausgangsposition.** Ziel ist, dass sich Blick und Oberkörper samt Hüfte in Laufrichtung ausrichten, sobald der Fuß aufsetzt.

Die 2:1 asymmetrische Technik

Generell ist bei diesem Schritt eine kürzere (hier rechtes Bein) und längere Gleitphase (links) gegeben, deswegen sollte man den Führarm auch entsprechend wechseln können. Das Ganze geht natürlich auch zur anderen Seite und sollte beim Laufen immer abwechselnd eingesetzt werden – oder wenn jemand Linkshänder ist, tut er sich zu Beginn auf

1 Ausgangsposition rechter Führarm: rechtes Knie ist angehoben. Der Körperschwerpunkt ist zentral.

2 Der Körperschwerpunkt ist auf dem rechten Bein. Rechtes Bein gleitet. Und der Armabstoß beginnt mit dem Stockeinsatz auf Bindungshöhe.

3 Rechtes Bein in Sprung-, Knie- und Hüftgelenk beugen, damit den Körper und das Abstoßbein vorspannen.

4 Jetzt den Beinabstoß mit dem rechten Bein ausführen. Der Armabstoß wird weiter nach hinten ausgeführt.

2:1 asymmetrisch

dieser Seite sicherlich leichter. Beim sportlichen Laufen versucht man, dem Gelände an gepasst zu laufen, d.h. man zieht immer gegen den Berg/Hang, also mit dem jeweiligen Führarm gegen den Hang/bergan. Geeignet für nahezu alle Geländeformen. Der Sportliche würde diese Technik im Flachen nicht mehr laufen, aber sehr wohl im Anstieg.

5 Nur noch Beinabstoß rechts, Körperschwerpunkt wird bereits von rechts nach links verlagert und die Arme schwingen nach hinten durch.

6 Gleiten links beginnt und Körperschwerpunkt auf linkem Bein, die Arme sind bereits beim Vorholen.

7 Der Körperschwerpunkt liegt komplett auf dem linken Bein. Der Körper richtet sich wieder auf, während noch auf dem linken Bein geglitten wird.

8 Ausgangsposition linker Führarm. Diese Technik (Bilder 1 bis 7) können Sie dann auch mit links machen.

Skating

Die 2:1 symmetrische Technik (Pendelschritt)

Wie bei der 2:1 asymmetrischen Technik werden hier zwei Beinbewegungen und eine Armbewegung (Doppelstock) kombiniert. Der Unterschied zu 2:1 asymmetrisch ist, dass jetzt der Armabstoß und Beinabstoß gleichzeitig beendet werden. Dadurch ist der Kraftimpuls beim Abstoß sehr hoch, was wiederum bedeutet, dass diese Technik in erster Linie bei hohen Geschwindigkeiten eingesetzt wird, also im leicht fallenden

1 Die Ausgangsstellung: hohe Hüftstellung. Die Hände sind auf Augenhöhe. Sie gleiten auf einem Bein.

2:1 symmetrisch

bis flachen Gelände. Alpinskifahrer kennen diese Technik vielleicht schon vom Wegskaten (beim Liftaussteigen). Wie schon erwähnt: Diese Technik ist sehr anstrengend, besonders wenn es bergauf geht. Deswegen sollten Sie in diesem Fall lieber die asymmetrische Technik wählen – oder im ganz steilen Gelände sogar den Diagonalskatingschritt.

2 Mit dem Einstechen der Stöcke beginnt die Armabstoßphase, während auf dem Standbein noch geglitten wird.

3 Jetzt kommt zum Armabstoß auch der Beinabstoß. Der Körperschwerpunkt wird auf das andere Bein verlagert.

4 Armabstoß und Beinabstoß links sind gleichzeitig beendet. Der Körperschwerpunkt ist auf dem neuen Gleitbein. Mit dem Vorholen der Stöcke richtet sich der Körper wieder komplett auf und das Abstoßbein wird wieder bis zum Beinschluss herangeführt.

Skating

Die 1:1 Technik (Profitechnik)

Diese Technik erfordert gleichzeitiges Abstoßen von Beinen und Armen. Je Bein- ein Doppelstockabstoß. Dies wird erreicht, indem der Doppelstockabstoß nicht ganz so lang nach hinten durchzieht und der Oberkörper sich wieder schneller aufrichtet. Diese Technik ist vor allem für Profis geeignet, die leichte Anstiege sehr schnell, aber kraftraubend bewältigen. Verlangt enorme Fähigkeiten (Koordination und Balance).

Hohe Hüftstellung, Sie gleiten nach dem Doppelstockeinsatz auf dem linken Bein. Die Hände nur bis knapp hinter die Hüfte durchschieben, um die Arme wieder vorzuholen und den Körper wieder aufzurichten für den nächsten Doppelstockeinsatz auf dem rechten Bein.

1:1 Profitechnik

2 **In der Schwungphase** schwingen die Arme aktiv nach vorne oben und der Oberkörper wird ganz aufgerichtet. Hohe Hüftposition. Körperschwerpunkt über dem Gleitbein. Das rechte Bein wird möglichst nah an das Gleitbein herangeführt (Beinschluss).

3 **In der Abstoßphase** werden beide Stöcke möglichst parallel geführt und gleichzeitig auf Höhe der Fußspitzen eingesetzt. Arme samt Oberkörper üben gleichzeitig Druck auf die Stöcke aus.

4 **In der Beinabstoßphase** wird über die gesamte Fußsohle seitlich abgestoßen. Mit dem Vorholen der Stöcke richtet sich der gesamte Körper wieder auf und beginnt den nächsten Stockeinsatz auf dem anderen Bein.

Skating

Der Diagonalskatingschritt

Der Schritt für den Einsteiger, der auch im steilsten Gelände noch relativ einfach funktioniert, weil die einzelnen Abstoßphasen von Armen und Beinen ziemlich ineinander übergreifen und die Kraftimpulse auf die gesamte Bewegung verteilt sind (also kein gleichzeitiger Abstoß von Beinen oder Armen).

In aufrechter Körperposition werden die Ski mit möglichst weit geöffneter Schere aufgesetzt. Der diagonale Stockeinsatz auf Höhe der Fußspitze unterstützt den Beinabstoß des linken Beines.

Diagonalskatingschritt

1 **Abwechselnder bzw. diagonaler Armeinsatz** in Kreuzkoordination zu den Beinen (wie beim klassischen Skilanglaufen). Also werden auch hier der rechte Arm und das linke Bein gleichzeitig nach vorne geholt.

2 Die Beine sind in einer weiten **Grätschstellung**, d.h. der Raumgewinn mit jedem Schritt ist zwar sehr gering, aber man gleitet immer noch und kann so mit minimalem Krafteinsatz steilste Berge überwinden. Wichtig: ganz aufrechter Körper.

Grundlagenausdauer

Fit in den Winter

Der Wintersportler wird im Sommer gemacht – sagen die Profis. Stimmt. Kaum ist die alte Wettkampfsaison zu Ende (Ende März), beginnen die Athleten schon wieder (ab Mai), sich ganz gezielt und sehr gewissenhaft für den kommenden Winter vorzubereiten.

Ganz so ernst müssen Sie das natürlich nicht nehmen. Aber ohne Vorbereitung sollten auch Sie nicht in die Loipe gehen. Ihre Muskulatur sollte durchaus an sportliche Arbeit gewöhnt sein. Gut, wenn Sie ein paar Wochen vorher mit Skigymnastik beginnen. Noch besser, wenn Sie ohnehin regelmäßig schon joggen, Rad fahren oder wenigstens zügige Spaziergänge machen – also Ausdauertraining.

Was Ausdauertraining bringt

Je ausdauernder wir sind, desto später geben wir auf – das gilt außer für einen starken Willen auch für den Körper. Deswegen an dieser Stelle ein paar grundsätzliche Anmerkungen zu diesem wichtigen Thema.

Umgangssprachlich verstehen wir unter Ausdauer normalerweise »gute Kondition«. Die spielt tatsächlich in allen Bereichen des Lebens eine wichtige Rolle, nicht nur im Sport. Ausdauer gibt die notwendige Energie, um etwas anzupacken und zu Ende bringen zu können.

Doch Ausdauertraining bringt weit mehr. Vereinfacht ausgedrückt findet durch richtig gestaltetes Ausdauertraining eine Anpassung statt, die die Ermüdung hinauszögert und die Erholung beschleunigt. Die positiven Veränderungen betreffen nicht nur Muskulatur, sondern auch Herz und Kreislauf.

Ein guter Ausdauertrainingszustand äußert sich meist in einem niedrigeren Ruhepuls: Während das Herz von Untrainierten etwa 70 bis 80 Mal pro Minute schlägt, haben Hobbysportler, die fit sind, in der Regel einen Ruhepuls von unter 60 Schlägen pro Minute. Das Herz kann also dieselbe Menge Blut mit weniger Schlägen fördern und die Pausen zwischen den einzelnen Schlägen werden länger. Dadurch ist ihm mehr Zeit zur Erholung gegönnt.

Auffällig ist auch, wie schnell sich der Organismus erholt. Wer gut in Form ist, dessen Puls sinkt nach einer Belastung rasch auf Normalwerte ab. Weitere Vorteile, die durch Ausdauertraining entstehen: Die

Crosstraining:
Nordic Walking und Kräftigungsübungen sind eine ideale Vorbereitung fürs Skilanglaufen.

Vorbereitung auf die Saison

Fließeigenschaft des Bluts verbessert sich, günstigere Cholesterin- und Blutfettwerte sind die Folge. Ausdauertraining ist das ideale Training für Gesundheit und Fitness. Es verändert die Körperchemie und ist die beste Möglichkeit, Gewicht loszuwerden. Durch Ausdauertraining bleibt die Beweglichkeit länger erhalten, weil Knochen und Gelenke regelmäßig beansprucht werden. Ausdauertraining hält jung, es verlangsamt den natürlichen Alterungsprozess. Außerdem macht Ausdauertraining den Kopf frei, hebt die Stimmung und bringt die Seele ins Gleichgewicht. Beim Training im richtigen Pulsbereich steigt das adrenokortikotrope Hormon ACTH, das für kreative Kopfarbeiter unverzichtbar ist. Ausdauertraining ist wie eine Sauerstoffdusche, die Denkfähigkeit verbessert sich, der Schlaf auch, Stresshormone werden abgebaut und die Libido steigt, also der sexuelle Appetit.

Nüchtern betrachtet ist Ausdauer die Fähigkeit, eine muskuläre Leistung über einen möglichst langen Zeitraum zu erbringen, ohne zu ermüden, und die Fähigkeit zur schnellen Regeneration. Um das zu erreichen, müssen sich vor allem der Energiestoffwechsel der Muskulatur sowie das Herz-Kreislauf-System und die Lunge der Belastung anpassen. Dies ist nur durch regelmäßiges Training zu erreichen.

Ausdauertraining ist das beste Gesundheitstraining. Es macht auch den Kopf frei, hebt die Stimmung und bringt die Seele ins Gleichgewicht.

Aerobes Training

Gesundheitsorientiertes Ausdauertraining ist ein aerobes Training. Beim Ausdauertraining sind die großen Muskelgruppen in Aktion, vor allem die Bein- und Gesäßmuskulatur und die großen Rücken- und Armmuskeln. Die besten Ausdauersportarten sind Laufen, Nordic Walking, Schwim-

Anaerobes Training

Ausdauertraining ist nur in der richtigen Dosierung gesund. Wer sich schindet und seinen Puls zu sehr hochjagt, schadet sich eher. Wenn der Körper kurzfristig eine hohe Leistung vollbringt, muss er auf die anaerobe Energiebereitstellung zurückgreifen, weil den Muskeln nicht hinreichend Sauerstoff für den Verbrennungsprozess zur Verfügung steht. Die Verwertung der Energiereserven erfolgt dann ohne Sauerstoff (anaerob = ohne Luft). Bei länger andauernden Belastungen, etwa einem Sprint, wird vermehrt Milchsäure (Laktat) in den Muskeln gebildet. Dies führt schließlich zu einer Übermüdung des Muskels. Bei Ausdauertraining sollte daher das Tempo so gewählt werden, dass es nicht zu schnell ist und keine Übersäuerung stattfindet.

men, Radfahren, Inlineskaten – und natürlich Skilanglauf. Beim Ausdauertraining müssen die sich wiederholenden Bewegungen lang und anstrengend genug sein, um vom Herz, der Atmung und dem Kreislauf mindestens 50 Prozent ihrer maximalen Leistungsfähigkeit zu fordern. Aerobes Training heißt: Der Körper wird bei einer sportlichen Betätigung mit mindestens so viel Sauerstoff versorgt, wie er verbraucht. Es kommt zu keinem nennenswerten Anstieg des Laktatspiegels.

Wie Fortschritte entstehen

Alles in der Natur wird durch die Harmonie und Balance zwischen zwei Polen bestimmt: Tag und Nacht, Sommer und Winter, Ebbe und Flut. Auch wir unterliegen diesen natürlichen Regeln der Polarität. Nach einer Anspannung sollte z.B. Entspannung folgen. Besonders, wenn sich Trainingserfolg einstellen soll. Wer die erforderliche Phase der Entspannung ignoriert, wird bald die Quittung bekommen: Es geht nicht wie gewünscht voran. Es sind sogar Rückschläge zu befürchten.

Das Prinzip der Superkompensation

Der eigentliche Trainingseffekt, aus dem sich schließlich eine ansteigende Leistungskurve ergibt, entsteht, wenn nach einem vorausgegan-

Training ist das geplante Stören des Normalzustands durch eine kontrollierte Belastung mit dem Ziel, nach einer Erholungsphase eine Verbesserung der Leistungsfähigkeit zu erreichen. Damit ist das wichtigste Trainingsprinzip auch schon genannt, nämlich der optimale Wechsel von Belastung und Erholung. Um überhaupt wirksam zu trainieren, muss der Trainingsreiz eine bestimmte Schwelle überschreiten.

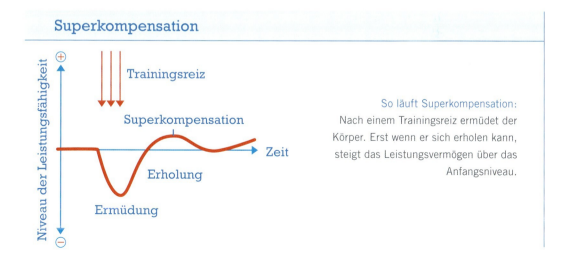

So läuft Superkompensation: Nach einem Trainingsreiz ermüdet der Körper. Erst wenn er sich erholen kann, steigt das Leistungsvermögen über das Anfangsniveau.

genen Trainingsreiz die Folgen der Belastungen nicht nur ausgeglichen werden, sondern über das ursprüngliche Leistungsniveau hinaus verbessert (überkompensiert) werden. In der Fachsprache heißt das: Superkompensation. Ein im Vergleich zur vorherigen Beanspruchung höherer (überschwelliger) Trainingsreiz führt zur so genannten Adaption, bewirkt also Veränderungen im Körper. Er wird leistungsfähiger.

Das Modell der biologischen Adaption (Anpassung) oder Superkompensation ist phänomenal: Der Körper antwortet auf einen Trainingsreiz (im Prinzip bedeutet das: Stress für den Körper) mit Erhöhung der Leistungsfähigkeit. Der Laufprofi Herbert Steffny erklärt das Phänomen der Superkompensation gerne so: »Es ist, als würde unser Körper nach einer ungewohnten Belastung sagen: Mensch, mir ist der Sprit ausgegangen – das ist mir ja noch nie passiert. Da will und muss ich mich aber verbessern. Allerdings brauche ich dafür ein wenig Zeit.«

Unser Körper ist schlau: Er passt sich immer den Gegebenheiten an. Nur durch vernünftige Trainingsreize können wir unsere Leistungsfähigkeit Stück für Stück verbessern.

Warum Ausdauerbelastung wertvoll ist

Nach einer Phase der Erschöpfung beginnt gewissermaßen die Reparatur. Die strapazierten Systeme werden aufgerüstet. Durch eine regelmäßige Ausdauerbelastung verbessert sich beispielsweise die aerobe Energiebereitstellung, außerdem vergrößern sich die Glykogendepots (Zuckerspeicher), und auch die Muskelfasern wachsen und vermehren sich.

Wenn der nächste Trainingsreiz jeweils in der Phase der Superkompensation gesetzt wird, ergibt sich ein kontinuierlicher Leistungsanstieg.

Sieben kleine Tipps, um die Motivation hoch zu halten

1. Kitzeln Sie Ihren Ehrgeiz. Motivieren Sie sich durch sanften, psychischen Druck. Führen Sie sich beispielsweise vor Augen, dass Sie mindestens drei Mal pro Woche in die Gänge kommen müssen, um Ihre Form (Figur) zu halten. Planen Sie am Anfang jeder Woche Ihr Ausdauertraining als festen Programmpunkt ein.
2. Der Tanz mit dem Körper. Wenn Sie regelmäßig Nordic Walking und/oder Nordic Blading betreiben oder auf Langlaufskiern stehen, werden Sie erleben, wie großartig sich ein gutes Körpergefühl anfühlt.

Die Motivation stärken

Bei jedem neuen Training spüren Sie dieses spannende Gefühl des Gefordertseins und den angenehmen Rhythmus der Bewegungen.

3. Gemeinsam geht es besser. Verabreden Sie sich mit Gleichgesinnten und Freunden zum Training. Dann macht Sport noch mehr Spaß. Und manchmal trickst man so auch seinen inneren Schweinehund aus, der einen vielleicht faul auf der Couch zurückhalten wollte. Wenn man aber einen Termin und Treffpunkt ausgemacht hat, wird man seinen Trainingspartner kaum hängen lassen, oder? Übrigens: Auch ein Hund kann zum wertvollen Trainingspartner werden.

4. Das Training clever im Tagesablauf verankern. Trainieren Sie am besten immer zu einer bestimmten Zeit. Manche mögen es schon vor dem Frühstück, andere wollen sich lieber am frühen Abend, nach der Arbeit, noch bewegen. Egal, wann Sie trainieren – Hauptsache, Sie folgen Ihrem natürlichen Biorhythmus.

5. Bleiben Sie flexibel. Sie sollten sich nicht verrückt und zum Sklaven eines peniblen Trainingsplans machen. Sie müssen nämlich gar nichts. Sie wollen etwas erreichen. Und dabei sollten Sie auch Spaß haben. Wenn es einmal nicht so gut läuft, ändern Sie einfach spontan das Pensum.

6. Suchen Sie Abwechslung. Die Trainingsroutine – immer wieder dieselbe Runde – kann auf Dauer langweilig werden und mürbe machen. Variieren Sie unbedingt das Training. Testen Sie neue Routen, suchen Sie neue Strecken.

7. Trainingsziele definieren und erreichen. Fragen Sie sich: Was genau will ich eigentlich? Was sind meine genauen Ziele? Was will ich erhalten, was vermeiden? Machen Sie sich klar, dass es zu jedem Ziel drei Etappen gibt. Die erste Etappe: Legen Sie Ihr Ziel fest. Die zweite Etappe: Bestimmen Sie den Preis, den Sie zahlen müssen. Die dritte Etappe: Zahlen Sie den Preis. Kaum ein Ziel lässt sich auf direktem Weg erreichen. Rechnen Sie also mit Rückschlägen. Dass die kommen, ist ganz natürlich. Rückschläge sind wie Prüfungen: Will ich das Ziel wirklich erreichen? Und ein Ziel ist wie ein Erfolgsmagnet. Mit einem klaren Ziel vor Augen lassen sich schwere Phasen und harte Zeiten besser überstehen. Die Zielvision sorgt für neue Energie und gibt die nötige Kraft, um überhaupt erst einmal in Gang zu kommen.

Trainingspartner auf vier Pfoten. Ein Hund kann eine wertvolle Motivationshilfe sein – für regelmäßiges Training und um den inneren Schweinehund zu überwinden.

Vorbereitung auf die Saison

Mountainbiken

Draußen sein, an der frischen Luft sein, sich rasant in der Natur bewegen und sich zwischendurch auch mal auspowern – von Frühjahr bis Herbst ist Mountainbiking dafür ideal. Theoretisch ist es überall möglich. Sie sollten aber nicht abseits der Wege fahren.

Um rechtlichen Ärger zu vermeiden und um die Natur zu schonen, sollten Mountinbiker nicht abseits von Wegen, also einfach mitten durch die Wildnis brettern.

Für diesen Zweck ist auch kein weiteres Training nötig, denn Tempo, Strecke und Belastungsrahmen kann jeder Freizeitbiker individuell abstecken. Bei hohem Leistungsanspruch im Wettkampfsport ist dagegen regelmäßiges Training, möglichst drei Mal pro Woche, nötig. Schwerpunkt ist dabei unter anderem die Verbesserung der Fahrtechnik (Bremstechnik, Kurventechnik). Sie spart in bestimmten Fahrsituati-

onen viel Kraft und verringert die Gefahr von Stürzen und Verletzungen. Geübt werden Stillstandsversuche, seitwärts hüpfen, langsames Fahren um Hindernisse oder Fahren auf dem Hinterrad. Ein wenig Fahrtechniktraining erhöht die Sicherheit und den Spaßfaktor beim Biken – so fliegt man bei scharfen Kurven nicht gleich aus der Bahn, sondern kann steile Hänge souverän bewältigen.

Was ist der gesundheitliche Nutzen?

Wer regelmäßig aufs Mountainbike steigt, verbessert seine Kondition, stärkt die Beinmuskulatur und fördert den Stressabbau, was der Entspannung dient. Wie alle Ausdauersportarten eignet sich Mountainbiking auch ideal, um Gewicht zu reduzieren. Um einen gesundheitlichen Nutzen zu erzielen, sind bereits zwei- bis dreimal 60 Minuten lockeres Biken pro Woche ausreichend. Bei Rückenbeschwerden ist allerdings abzuraten.

Nützlicher Helfer. Ein modernes GPS hilft beim Mountainbiken auf allen Wegen.

Tipps für Einsteiger

Ein Mountainbike muss nicht schön sein, aber technisch einwandfrei. Ganz wichtig ist, dass die Bremsen richtig und nicht zu fest eingestellt sind, so dass man sich beim Bergabfahren und einer Bremsung nicht überschlägt. Außerdem sollten Sie einen Helm tragen, weil es gerade in unwegsamen Gelände schnell mal zu einem Sturz kommen kann. Bei regelmäßigem Mountainbiking lohnt es ein wenig zu investieren: Teurere Mountainbikes haben Stoßdämpfer. Die machen nicht nur die Fahrt angenehmer, sondern dämpfen auch die Erschütterungen, die sonst Wirbelsäule und Handgelenke abfangen müssen.

→ Trainieren Sie mit System. Es bringt nix, wenn Sie immer am Anschlag fahren. Faustregel: nur ein Viertel der Trainingseinheit mit stärkeren Belastungen gestalten.

→ Planen Sie ein Warm-up und Cool-down von je 10 bis 15 Minuten ein, auch bei kürzeren Fahrten. Dabei in lockerem Tempo mit hoher Trittfrequenz und wenig Druck auf dem Pedal am besten auf Feldwegen oder Asphalt einrollen und ausfahren.

→ Trinken Sie alle 10 Minuten und knabbern Sie alle halbe Stunde von einem Energieriegel oder Brötchen. Schon vor der Fahrt ausreichend trinken!

Vorbereitung auf die Saison

Trail Running

Trail Running ist eine wunderbare Trainingsalternative und sehr reizvoll, weil es so abwechslungsreich ist. Anders als beim »normalen« Jogging geht es querfeldein, abseits befestigter Routen und auf gerölligen Pfaden (Trails). Je nach Witterung kann eine Strecke mal weich, mal fest, mal rutschig sein. Mal läufst du auf Waldboden oder einem Feldweg, mal über Wurzeln, Kies oder weiche Wiesen. Abgebrochene Äste, Pfützen, Huflöcher und Traktorenfurchen – ein Trail-Running-Parcours bietet alles. Da gilt es immer höllisch aufzupassen. Die Bänder, Sehnen und Muskeln werden unterwegs permanent gefordert – und eben auch trainiert.

Der Trainingseffekt ist immens, nicht nur für den Kreislauf. Bei jedem Schritt ist Konzentration auf die Strecke gefordert.

Zudem ist Trail Running pures Naturerleben. Das Schweigen im Wald. Manchmal unverhoffte Begegnungen mit Tieren. Vor allem, wenn du gelernt hast, ruhig zu atmen und sanft aufzutreten.

»Sie spüren die entspannte Ruhe wie beim Wandern, Sie haben technisch anspruchsvolle Passagen wie beim Mountainbiking und Sie erleben den gleichen Endorphin-Kick wie bei der Trainingseinheit auf der Straße«, erklärt Martin Grüning vom Läufer-Fachmagazin Runner's World. »Zusätzlich werden Sie durch die Geländeläufe garantiert schneller, stärker, ausdauernder«, versichert der Lauf-Experte.

Für wen ist Trail Running geeignet?

Nicht nur für ambitionierte Läufer, die nicht nur auf altbekannten Wegen Kilometer abspulen wollen – auch für Skilangläufer ist Trail Running eine wunderbare Ergänzung zu ihrem herkömmlichen Training. Der ständige Wechsel des Untergrundes erfordert Geschick, Konzentration und einen wachsamen Laufstil. Kleine Sprünge, minimale Bodenkontakte, schnelle, effektive Schritte und behände Ausweichmanöver bringen ein völlig neues Laufgefühl und stärken die Beinmuskulatur effektiver als »normales« Laufen.

Der Spaßfaktor ist sehr hoch. Es ist ja ohnehin immer spannend, ausgetretene Pfade zu verlassen. Trail Runner zählen gegenwärtig zur Avantgarde der Laufbewegung.

Laufen neben der Spur: Abseits vom Asphalt, im Wald, über Stock und Stein und allein auf weiter Flur bietet Trail Running eine neue Herausforderung für ambitionierte Jogger, die die Natur Schritt für Schritt erleben wollen.

Vorbereitung auf die Saison

Was ist der gesundheitliche Nutzen?

Laufen stärkt die Gesundheit. Trail Running schult nicht nur die Ausdauer, sondern vor allem auch die Koordination. Die Sauerstoffaufnahme verbessert sich immens. Die kleinen Pfade, das ständige Auf und Ab – im Gelände kann man nicht mit gleichem Tempo laufen. Crosslauf-Trainer Wilfried Raatz erklärt: »Dies beansprucht vor allem die schnell kontrahierenden Muskelfasern – denn die müssen auf jeden Tempowechsel reagieren. Je besser diese Fasern trainiert sind, desto flotter laufen Sie später in der Ebene.« Natürlich können Sie die Schnellkraft und Kraftausdauer auch auf der Bahn trainieren; im Trail aber macht's mehr Spaß – und es stärkt außerdem die mentale Kraft.

Laufen über Stock und Stein: Trail Running fordert den Körper immens und ist ein ideales Grundlagentraining fürs Skilanglaufen.

Sieben Tipps für Einsteiger

→ Wer länger nicht gelaufen ist, sollte bewusst langsam beginnen. Trail Running erfordert deutlich mehr Kondition als das normale Joggen. Faustregel: Auf einfachem Untergrund sollten Sie in der Lage sein, mindestens fünf Kilometer am Stück zu joggen – wenn das der Fall ist, können Sie sich getrost auf die ersten Trail-Ausflüge machen.

→ Ideal für Einsteiger sind flache Waldpfade. Laufen Sie mit gedrosseltem Tempo, machen Sie sich auf Wurzeln und Unebenheiten gefasst. Scannen Sie mit den Augen die nächsten Meter, die zu laufen sind, heben Sie die Füße etwas höher an als normalerweise.

→ Passen Sie das Lauftempo immer dem Untergrund an. Auch wenn Sie schneller könnten, reduzieren Sie das Tempo – bevor Rutschgefahr besteht. Nicht stur nach Kilometer messen, denn oft macht das Streckenprofil das Laufen erst zum Erlebnis.

→ Bergauf sollten Sie bewusster die Arme zum Einsatz bringen. Konzentrieren Sie sich auf kleine, kurze Schritte, die Sie ohne große Abdruckphase laufen. Bei Geröll eventuell Gehpause einlegen, denn jetzt kann es gefährlich werden.

→ Bergab sollten Sie Ihr Tempo drosseln. Oh ja, die Versuchung ist groß, einen Hügel schnell hinunterzulaufen, aber auf einem Trail kann das gefährlich werden. Laufen Sie lieber bewusst etwas langsamer und vermeiden Sie so eine Verletzung (Umknicken) auf dem Weg nach unten.

→ Wenn Sie mit einem Partner laufen, sollten Sie auf intensive Gespräche verzichten. Konzentrieren Sie sich aufs Laufen, auf die nächsten Schritte – und die Schönheit der Natur.

→ Allmählich können Sie längere Distanzen und schwierigere Strecken unter die Füße nehmen. Dabei geht es nicht in erster Linie um die Distanz, sondern um die Dauer der Bewegung. Eine halbe Stunde konzentriertes Trail Running hat nämlich ähnliche Trainingseffekte wie ein flotter Zehn-Kilometer-Lauf auf der Flachstrecke. Und durch verstärkte Armarbeit beim Austarieren von Unebenheiten und Abfedern von kleinen und größeren Sprüngen wird der Oberkörper besonders intensiv gefordert.

Vorbereitung auf die Saison

Ganzjahressport Nordic Walking

Nordic Walking und Skilanglauf sind sich sehr ähnlich. Nordic Walking ist wie Skilanglauf ohne Skier. Für beide Sportarten ist die Kreuzkoordination eine Grundvoraussetzung für den richtigen Bewegungsablauf. »Das Bewegungsprogramm der Zukunft«, »die Fitness-Revolution«, »Total-Body-Workout« – als Nordic Walking vor gut zehn Jahren über Nacht populär wurde, gaben Experten dem Trendsport allerbeste Referenzen. Auch wenn die Nordic-Walking-Euphorie in den letzten Jahren deutlich abgeklungen ist: Diese Bewegungsform bleibt ein sehr effektives Ganzkörpertraining – und ein ideales Training fürs Skilanglaufen. Für Spitzenathleten ist Nordic Walking bzw. das Gehen mit Stöcken schon seit vielen Jahren fester Bestandteil des Sommertrainings. Sie nannten es früher allerdings immer Skigang oder Skiimitation. Besonders anstrengend waren und sind immer die Schrittsprünge berghoch, bei denen die Stöcke eine wichtige, unterstützende Funktion erfüllen. Auch für jeden Einsteiger oder Wiedereinsteiger, der nach jahrelanger

Sommerfrische: Ob beim Urlaub in den Bergen, an der See oder sonstwo – Nordic Walking ist überall und jederzeit möglich.

sportlicher Abstinenz gerne Bewegung in sein Leben bringen will, ist Nordic Walking eine wunderbare Sportart, die dann auch bestens auf Skilanglauf vorbereitet. Mit der Ganzkörperbewegung Nordic Walking kann man auf sanfte Weise an seiner Ausdauer und Technik arbeiten – und zwar jederzeit, also auch in den schneelosen Monaten. Die Stöcke erfüllen mehrere Aufgaben. Sie sind nicht nur nützliche Stützen. Als Sportgeräte eignen sich die Stöcke auch als wertvolle Hilfe bei Balance- oder Kräftigungsübungen (siehe die folgenden Seiten).

Was bringt Nordic Walking?

Nüchtern betrachtet ist Nordic Walking zügiges Gehen in der Diagonaltechnik, das durch schwungvollen Einsatz der speziellen Stöcke unterstützt wird. Arme und Schultern, der gesamte Oberkörper – also außer den Beinen noch weitere große Muskelgruppen – sind harmonisch in den Bewegungsablauf einbezogen, das ganze Herz-Kreislauf-System wird positiv angeregt.

Ein weiterer Vorteil kommt dazu: Beim Walking ist die Belastung für die Gelenke deutlich geringer als zum Beispiel beim Laufen. Denn ähnlich wie beim Skilanglauf verteilt sich das Körpergewicht (durch die Hilfe der Stöcke) auf vier Punkte, die Hand-, Ellenbogen- und Schultergelenke übernehmen einen Teil der Stützlast, die beim Laufen allein auf Fuß-, Knie- und Hüftgelenken liegt.

Durch den Einsatz der Stöcke wird vor allem der passive Bewegungsapparat erheblich entlastet – die Gelenke, der Rücken und die Knie: rund 5 bis 8 Kilogramm pro Schritt nehmen die Stöcke ab, rund 45 Mal pro Minute. In einer Stunde Training summiert sich diese Entlastung auf 36 bis 58 Tonnen.

Außerdem sorgen die Stöcke automatisch für eine korrekte Körperhaltung, was auch die Sauerstoffversorgung im Organismus verbessert. Nebenbei wird noch die Wirbelsäule aufgerichtet und die Brust- und Schultermuskulatur gekräftigt.

Wer regelmäßig, also möglichst drei Mal pro Woche etwa eine Stunde lang Nordic walkend unterwegs ist, kann ähnliche Trainingseffekte erzielen wie durch Laufen. Nur: Nordic Walking ist längst nicht so anstrengend, der Körper wird deutlich weniger strapaziert. Die Technik kann jeder leicht erlernen.

Beste Motivationshilfe: »Nordic Walking für Einsteiger« von Ulrich Pramann/Bernd Schäufle bietet einen leichten Einstieg. Das Buch (Preis: 6,99 Euro) ist ebenfalls im Südwest Verlag erschienen.

Vorbereitung auf die Saison

Kinder und Skilanglauf – nur der Spaß zählt

Klar, alle Kinder lieben Schnee. Skilanglauf ist ein sehr familienfreundlicher Sport, auch, weil der Zugang in diesem Element ziemlich leicht ist. Und anders als beim Alpinskifahren gibt es beim Skilanglauf keine Berge, die ängstigen können, weniger Stress und kein Bibbern beim Warten am Lift. Ihr Kind steckt auch nicht in starren Schuhen und Bindungen. Die Ausrüstung ist viel günstiger und die Verletzungsgefahr geringer.

Aber das allein reicht natürlich noch nicht, um jedes Kind für den Skilanglauf zu begeistern. Mit Bedrängen, mit gutem Zureden oder gar mit Zwang geht nichts voran – aber dieses pädagogische Prinzip gilt ohnehin immer, wenn wir Kinder für etwas (eine Sportart, ein Hobby) gewinnen wollen. Es kommt vielmehr darauf an, dass die Eltern eine Art Vorbildfunktion wahrnehmen, wenn sie bei ihren Kindern den Spaß an einer Sache wecken wollen. Sie sollten am besten vorleben, was sie von ihren Kleinen erwarten.

Der Spaß und das Spielerische müssen anfangs immer im Vordergrund stehen. Denken Sie sich reizvolle Spielchen für die kleinen Neulinge des Wintersports aus. Es ist also Kreativität gefragt.

→ Beispielsweise das Liftspiel. Das Kind klemmt sich einen Stock von Papa oder Mama zwischen die Oberschenkel und lässt sich vom Papa oder der Mama durch flaches Gelände ziehen.
→ Beispielsweise Stockweitwurf. Wer kann seinen Skistock wie ein Speer einsetzen und möglichst weit werfen?
→ Beispielsweise Einbeinfahren. Wer schafft es auf leicht abschüssigem Gelände, am weitesten auf einem Bein zu fahren?
→ Beispielsweise Sterntreten mit den Skispitzen. Wer zaubert den schönsten Stern in den Schnee?

Ein bisschen Action und Abwechslung, ein interessantes Ziel – dann sind anfängliche Bedenken, rote Näschen oder kalte Füße schnell vergessen.

Wann beginnt für Kinder der Spaß am Skilanglauf?

Ab welchem Alter macht es überhaupt Sinn, mit Kindern in die Loipe zu gehen? Ab wann können sie Stockeinsatz und Ski koordinieren? Und in welchem Alter können Kinder das Skating lernen, diese coole, rasante Art des Skilanglaufens? Diese Fragen tauchen immer wieder auf.

Um Skilanglauf zu lernen, sollten Kinder mindestens vier Jahre alt sein. Wenn sie einen Langlauf-Kurs besuchen wollen – was sehr sinnvoll ist – sollten sie besser fünf Jahre sein. In diesem Alter fällt es den meisten Kindern auch leicht, solche Techniken wie Kreuzkoordination, Stockeinsatz oder Skating richtig zu machen.

Denn Kinder lernen anders als Erwachsene. Kinder lernen ausschließlich durch Abschauen bei den Großen, durch einfaches Nachmachen – und nicht durch lange Erklärungen.

Auf alle Fälle sollten kleine Kinder erst einmal mit klassischen Ski anfangen. Also die mit den Schuppen unten dran. Skating ist erst später sinnvoll, frühestens ab acht Jahren. Die Ski sind in etwa körpergroß und die Stöcke reichen maximal bis unter die Achseln.

Immer darauf achten, dass die Schuhe nicht zu klein sind. Zudem sollten auch Kinder nicht zu warm eingepackt sein. Selbst bei Minusgraden kommen auch kleine Langläufer schnell ins Schwitzen.

Warme Handschuhe und eine Mütze, die über die Ohren reicht, sind ein Muss. Bei Sonne darf die Sonnenbrille nicht vergessen werden. Und warmer Tee, ein kleiner Snack und Ersatzhandschuhe sollten nicht fehlen. Langlauf und die frische Luft machen nämlich hungrig.

Warum sind Kurse sinnvoll?

Kinder können und wollen natürlich noch keine großen Strecken bewältigen – das würde sie frustrieren. Kleinere Runden mit verschiedenen »Hindernissen« – wie kleinen Hügeln, leichten Abfahrten, kleinen Schanzen, schönen Kurven oder einen Abstecher durch den Tiefschnee – halten eher die Laune hoch.

Und in der Gruppe macht alles sowieso mehr Spaß. Das Ziel muss sein: dass Kinder die Technik spielerisch lernen. Mancherorts, zum Beispiel im »Kinderlaufpark« im WM-Stadion in Ramsau am Dachstein, ist alles bestens auf die Bedürfnisse der Kleinen eingerichtet. Jeder Kurs ist ein kleines Abenteuer. Zunächst sollen sich die Kleinen an das Element, ans Rutschen, Gleiten und Abstoßen gewöhnen. Dann flitzen die Kinder auf einem Parcours durch Tore und über Schanzen, spielen mit Seilen, Bällen, Hütchen oder Fähnchen, rutschen mit geschlossenen Augen oder zugehaltenen Ohren auf den schmalen Latten, treten Figuren und wagen kleine Abfahrten. In die Loipe geht es erst, wenn das Kind auch wirklich Lust darauf entwickelt.

Die Kreuzkoordination verbessern

Kreuzkoordination – das klingt nach einem komplizierten Bewegungsablauf. Dabei ist das, was Fachleute nun mal Kreuzkoordination nennen, eigentlich ein ganz natürlicher Vorgang beim Gehen. Wir machen es automatisch: Die Arme schwingen gegengleich zu den Beinen vor: rechtes Bein und linker Arm sowie linkes Bein und rechter Arm.

Sie lernen bei einem fähigen Trainer übrigens auch den Einstieg in die Nordic-Walking-Technik auf diese Weise: Schlüpfen Sie in die Schlaufen der Stöcke und schlendern Sie einfach los. Lassen Sie zunächst die Stöcke locker an der Hand, die Hände sind geöffnet, halten Sie den Stock also nicht fest. Nach ein paar Metern werden Sie feststellen, dass Sie sich ganz automatisch in der besagten Kreuzkoordination bewegen.

Die Kreuzkoordination ist auch die Grundtechnik des klassischen Skilanglaufstils. Wenn Sie diese Technik oder auch die Nordic-Walking-Technik von der Seite betrachten, dann bilden Arme und Beine ein Kreuz – daher der Name. Wie gesagt: Wir machen die so genannte Kreuzkoordination beim Gehen ganz automatisch. Lassen Sie diese Bewegung einfach nur zu. Und üben Sie sie ab und an. Manche fallen – wenn sie zu viel über den Bewegungsablauf nachdenken – in den unnatürlichen Passgang. Was dann? Ganz einfach: stehen bleiben und wieder losgehen. Ganz automatisch in der Kreuzkoordination.

1 **Walken auf der Stelle** Zuerst Knie abwechselnd hochheben. Dann Arme dazunehmen, Stockspitzen auf dem Boden stehen lassen, Hände vor und zurück.

2 **Ferse vor/Arme in Doppelstocktechnik** Erst die Fersen abwechselnd vor den Körper stellen, Körperschwerpunkt auf dem hinteren Standbein. Dann die Arme dazunehmen.

Kreuzkoordination

3 **Ferse** jetzt abwechselnd hinter den Körper setzen, Körperschwerpunkt auf dem vorderen Bein. Die Stockspitzen bleiben auf dem Boden, die Arme sind passiv.

4 **Ferse zurück/Arme in Doppelstocktechnik** Variante von Übung 3. Die Ferse ist hinten – Arme aktiv nach vorne schieben, Fersenwechsel – Arme heranziehen.

5 **Ferse vor/Arme in Diagonaltechnik** Wie Übung 2, jetzt aber in kompletter Kreuzkoordination. Ziehen Sie die Schultern mit nach vorne und wieder zurück.

6 **Standwaage** Rechten Arme nach vorne und linkes Bein nach hinten ausstrecken. Waagrechte halten, Ellbogen und Knie zusammenführen, wieder strecken – dann Seitenwechsel.

> Vorbereitung auf die Saison

Balanceübungen

Skilanglauf – das heißt Abstoß und Gleiten. Und Gleiten ist meist (zumindest beim Skaten) immer auch Einbeingleiten. Und Einbeingleiten geht nur mit dem entsprechenden Gleichgewichtsgefühl. Ohne solides Gleichgewicht kommen Sie nie so richtig ins Gleiten. Und dann bleibt Langlauf, zumindest Skating, meist nur harte Arbeit. Puh, das macht nicht wirklich Spaß. Das Gleichgewicht können Sie schon im Sommer ganz einfach und spielerisch üben. Am besten trainieren Sie es immer gleich in Kombination mit der Körperstabilisation und Kräftigungsübungen. Denn nur wenn die richtige Muskulatur angespannt ist, gelingt dieses Gleichgewichthalten auch auf einem gleitenden Untergrund (also auf Skiern auf Schnee). So lassen sich viele Einbein-Kräftigungsübungen auch bestens als Gleichgewichtsübungen nutzen.

1 **Einbeinstand** Standbein ist leicht gebeugt, Stock waagerecht halten (Einsteigervariante: Stock vor dem Körper in den Boden einstechen). Bauch und Po sind angespannt. Das freie Bein macht Achterschwünge neben/vor dem Körper – oder Sie schreiben einen Namen in die Luft. Je schneller, desto schwieriger. Wichtig: der aufrechte Oberkörper.

Balanceübungen

2 Stöcke waagerecht greifen, Füße drücken gegeneinander. Die Partner versuchen, den anderen aus dem Gleichgewicht zu bringen, so dass ausgeglichen werden muss.

3 Mit angewinkelten Beinen am Vorderfuß leichten Druck ausüben. Und denken Sie immer an den angespannten Bauch und einen geraden Rücken!

4 Jetzt gleichzeitig das freie Bein mit fast gestrecktem Knie nach innen oben heben und wieder senken (ohne Bodenberührung). Wieder auf einen geraden Rücken achten!

5 Diesmal das freie Bein mit gestrecktem Knie zur Seite abspreizen – entweder für kurze Zeit halten oder leicht auf- und abwippen.

Vorbereitung auf die Saison

Bauch, Beine, Po – die Muskulatur kräftigen

Nachhilfe für die Problemzonen. Wer sich eine straffe und knackige Figur wünscht, kann mit dem richtigen – und gezielten – Training viel erreichen. Unsere acht einfachen, aber wirkungsvollen Übungen auf dieser Doppelseite kann jeder auch prima zu Hause machen. Allein oder mit einem Partner – die Nordic-Walking-Stöcke erleichtern das Trainingsprogramm.

1 Warm-up Verlagern Sie das Gewicht von einem Bein aufs andere. Die Stöcke schwingen dabei in Schulterhöhe gehalten mit.

2 Wadenpower Beine in breiter, stabiler Position. Mit den Stöcken vor dem Körper abstützen. Abwechselnd Fersen heben und senken.

3 Unterschenkelcurl in Standwaage Stabiler Stand auf einem Bein. Oberkörper und anderes Bein waagrecht. Mit den Stöcken abstützen. Das ausgestreckte Bein mit Spannung abwechselnd anwinkeln und strecken.

4 Standwaage Stöcke mit einer Hand halten, abstützen. Den freien Arm nach vorne, das entgegengesetzte Bein waagrecht nach hinten strecken. Dann Knie und Ellenbogen mit Spannung zueinanderführen, wieder strecken.

Muskulatur stärken

Gleichzeitig werden bei diesen Übungen ganz nebenbei auch noch Herz und Kreislauf trainiert und die Kondition verbessert sich. Damit die Übungen effektiv sind, sollten Sie lieber kurz und dafür häufiger üben: zwei bis drei Mal pro Woche jeweils zehn Minuten. Starten Sie am besten mit etwa zehn Wiederholungen pro Übung und steigern Sie sich auf bis zu 20.

5 Ellenbogen zum Knie Die Stöcke mit der linken Hand halten, abstützen. Rechten Arm nach oben ausstrecken. Dann Ellenbogen und Knie mit Spannung zueinanderführen.

6 Oberkörperrotation Stöcke über dem Kopf greifen, Oberkörper nach vorne neigen, Po nach hinten. Oberkörper/Arme mit geradem Rücken seitlich aufdrehen.

7 Liegestütz auf Stöcken in Schrittstellung Stöcke von oben greifen, vor dem Körper schulterbreit einstechen und Arme langsam beugen und strecken. Die Ellbogen wandern dabei zur Seite. Auf aufrechten Oberkörper achten.

8 Liegestütz rücklings an Stöcken Den Körper leicht nach hinten in die Stöcke absenken und wieder hochziehen. Die Kraft sollte (wie bei Übung 7) wieder aus Armen, Oberkörper und Rücken kommen und weniger aus den Beinen.

Vorbereitung auf die Saison

Die Vorbereitung für einen Volkslauf

Gut, wenn Sie sich die Teilnahme an einem Volkslauf vornehmen. Dann haben Sie nämlich ein ganz konkretes Ziel vor Augen, das Sie zu regelmäßigem Training animiert. Außerdem fällt Training, das auf ein bestimmtes Ziel gerichtet ist, immer deutlich leichter.

Je nach Fitness und Streckenlänge könnten Sie theoretisch jeden Winter bei bis zu 30 Wettkämpfen mitlaufen, denn inzwischen finden weit über 100 Volksläufe – von lokalen oder regionalen Veranstaltungen bis hin zu den traditionellen Großevents (z.B. Engadin Skimarathon oder der 90 Kilometer lange, schwere Wasa-Lauf) – statt.

Bereiten Sie sich solide auf jeden Wettkampf vor – sonst werden Sie nicht viel Spaß dabei haben.

Wenn Sie ohnehin regelmäßig Ausdauertraining machen, werden Sie vor keinem großen Problem stehen. Jogging, Radfahren und vor allem Nordic Walking sind die idealen Sportarten, um ein gutes Fitnessfundament zu bauen. Der 14-Tage-Trainingsplan (auf der rechten Seite) eignet sich sowohl für den Sommer als auch für den Winter: um Schritt für Schritt die Grundlagenausdauer aufzubauen und um sie zu erhalten – um also ganz gezielt in Form zu kommen.

Auf den Internetportalen www.xc-ski.de oder www.euroloppet.com und www.worldloppet.com werden Termine von vielen Volksläufen und großen Veranstaltungen veröffentlicht.

Trainingsgrundsätze

Wer als Hobbysportler an einem Wettkampf teilnimmt, leidet wohl kaum an Antriebsschwäche. Vielmehr spielt Übermotivation oftmals eine Rolle, manche wollen in kurzer Zeit einfach zu viel erreichen. Dies kann dann leicht zu Enttäuschungen führen. Beherzigen Sie also ein paar Grundsätze, die sich in der Praxis tausendfach bewährt haben.

→ Setzen Sie sich realistische Ziele, schrauben Sie die Erwartungen nicht unnötig hoch.
→ Dabei sein ist alles. Ankommen ist schon der halbe Sieg. Motto: »Du musst niemandem etwas beweisen, nur dir selbst!«
→ Lernen Sie aus den Erfahrungen – vor allem auch, wenn es nicht ganz so gut gelaufen ist.
→ Vertrauen Sie Ihrem Gefühl. Ihr Körper lügt nicht, er gibt Ihnen immer Signale, die für Sie wichtig sind.
→ Bringen Sie Abwechslung und System ins Training. Nur dann macht die Sache auch wirklich Spaß.

Vorbereitung Volkslauf

	Woche 01		Dauer	Intensität/Belastung
MO	→ Skilanglauf	oder Nordic Walking, Jogging, Radfahren	**30** Min.	70–80% der maximalen Herzfrequenz Radfahren: Zeit x 3 für gleichen Trainingseffekt
DI	→ Ruhe/Stretching			
MI	→ Skilanglauf	oder Nordic Walking, Jogging, Radfahren	**30** Min.	70–80% der maximalen Herzfrequenz Radfahren: Zeit x 3 für gleichen Trainingseffekt
DO	→ Ruhe			
FR	→ Skilanglauf	oder Nordic Walking, Jogging, Radfahren	**45** Min.	65% der maximalen Herzfrequenz Radfahren: Zeit x 3 für gleichen Trainingseffekt
SA	→ Ruhe			
SO	→ Skilanglauf	oder Nordic Walking, Jogging, Radfahren	**90** Min.	65% der maximalen Herzfrequenz Radfahren: Zeit x 3 für gleichen Trainingseffekt

	Woche 02	Dauer	Intensität/Belastung
MO	→ Ruhe		
DI	→ Regeneration: Sauna, Stretching		
MI	→ 30 Min. Skilanglauf oder Nordic Walking, Jogging, Radfahren; 30 Min. Krafttraining	**60** Min.	70–80% der maximalen Herzfrequenz Radfahren: Zeit x 3 für gleichen Trainingseffekt
DO	→ Ruhe		
FR	→ Skilanglauf oder Nordic Walking, Jogging, Radfahren	**30** Min.	65% der maximalen Herzfrequenz Radfahren: Zeit x 3 für gleichen Trainingseffekt
SA	→ Regeneration: Sauna, Stretching		
SO	→ Skilanglauf oder Nordic Walking, Jogging, Radfahren	**60** Min.	65% der maximalen Herzfrequenz Radfahren: Zeit x 3 für gleichen Trainingseffekt

Vorbereitung auf die Saison

Zehn Regeln für ein vernünftiges Training

1. Sommertraining gegen den Kaltstart. Klar, das allgemeine Training beginnt schon lange vor der Skisaison. Auch als Hobby- und Feriensportler sollten Sie nicht erst im Winterurlaub anfangen, sich zu bewegen, sondern schon vorher etwas für Ihre Kondition, Koordination und Beweglichkeit tun. Am besten ist es natürlich, wenn Sie regelmäßig beim Nordic Walking oder Jogging unterwegs sind. Dies hat auch zwei Vorteile für die spezielle Bewegungsform Skilanglauf. Einmal ist Ihr Organismus dann schon an die sportliche Belastung gewöhnt. Außerdem heben Sie dadurch die reizwirksamen Trainingsformen für später auf. Denn der Körper passt sich mit jedem Bewegungswechsel und Trainingsreiz neu an – Sie erreichen dadurch ein höheres Niveau.

2. Take it, but take it easy. Ob Sie nun zum Spaß oder für einen Volkslauf trainieren: Hauptsache, Sie erhalten sich eine gewisse Leichtigkeit. Sie sollten zwar ernsthaft trainieren, aber der Spaßfaktor sollte immer im Vordergrund stehen. Wenn also draußen bremsender Matschschnee liegt, sollten Sie nicht versuchen, mit Gewalt schnell zu laufen. Das bringt wenig fürs Training, macht aber total kaputt. Laufen Sie bei solchen Verhältnissen lieber etwas kürzere Strecken und verlängern Sie den Trainingsspaß, wenn es die Verhältnisse zulassen.

3. Mehrmals in der Woche trainieren. Wenn Sie sich alle zwei bis drei Tage mindestens 30 Minuten bewegen, bringt das mehr als ein »Trainingsmarathon« am Wochenende.

4. Pulskontrolle. Als Faustregel gilt: 180 minus Lebensalter nicht überschreiten! Falls Sie keinen Herzfrequenzmesser haben: Tasten Sie dazu Hals- oder Halsschlagader und zählen Sie die Schläge 10 Sekunden lang. Nehmen Sie diese Zahl mal 6. Aufwärmen nicht vergessen: Nach 5-minütigem lockerem Lauf und etwas Dehnen hat Ihr Körper Betriebstemperatur erreicht.

5. Nicht aus der Puste kommen. Steuern Sie Ihr Training nach Belastungsgrad (Pulsober- und Untergrenzen) und Trainingsge-

---

Bewegung soll Spaß machen. Überfordern Sie sich also nicht, aber unterfordern Sie sich auch nicht. Zwei Mal Training pro Woche ist gut, drei Mal ist besser. Vier Mal wäre noch besser. Am besten aber ist ein aktiver Lebensstil – also tägliche Bewegung.

10 Trainingsregeln

schwindigkeit. Halten Sie sich an die einfache Formel, die sich bewährt hat: Laufen, ohne zu schnaufen!

6. Ruhepausen gönnen. Regeneration ist ganz wichtig. Wenn Sie aufgrund einer hohen Trainingsbelastung schon Müdigkeit verspüren, ist es meist zu spät – die übermäßige körperliche Anstrengung fordert ihren Preis. Planen Sie also unbedingt Ruhepausen ein und beenden Sie das Training nicht erst, wenn Sie schon total kaputt sind. Nach jedem Training sollten Sie sich wohlfühlen. Muskel- oder Gelenkschmerzen sind Zeichen von Überbelastung.
7. Je länger, desto langsamer. Je länger die Trainingseinheit dauert, desto langsamer müssen Sie trainieren. Es macht wenig Sinn, drei Stunden mit Vollgas durch die Gegend zu rennen. Wenn Sie allerdings nur eine halbe Stunde täglich Zeit haben und drei bis fünf Mal pro Woche trainieren wollen, sollten Sie sich intensiver belasten. Für ein richtiges Ausdauertraining sind 30 Minuten eigentlich zu kurz. Wenn Sie allerdings immer mit hoher Trainingsintensität unterwegs sind, werden Sie kaum Fortschritte machen. Achten Sie darauf, dass Sie vor allem im ruhigen Ausdauerbereich trainieren, um eine gesunde Basis zu schaffen.
8. Variabel trainieren. Vergessen Sie neben Ausdauer und Krafttraining auch Ihre Beweglichkeit nicht!
9. Kranker Körper trainiert nicht gern. Gehen Sie nur zum Training, wenn Sie auch wirklich gesund sind. Sonst setzt sich – z.B. nach einer nicht auskurierten Grippe – ein verschleppter Virus fest und zerstört die Mitochondrien (die kleinen Kraftfabriken) in den Muskelzellen.
10. Langfristig denken und planen. Ein Spitzenathlet wird auch nicht in einem Jahr gemacht. Ausdauertraining braucht Ausdauer! Persönliche Erfolge sind immer das Ergebnis von geduldigem, kontinuierlichem Training. Genießen Sie den Weg zum Ziel, denn der Weg ist das Ziel.

Sportliche Aktivität erhöht das Selbstbewusstsein, allein schon durch die bessere Körperhaltung, die Sie gewinnen. Zudem verbessern sich Ausdauer, Beweglichkeit – sowie die Form und die Formen.

Bewegungsfreude

Die Heilkraft der Bewegung

Bewegung ist alles. Regelmäßige Bewegung. Am besten tägliche Bewegung. Denn Bewegung ist Leben, und Leben ist Bewegung. Bewegung war und ist nämlich immer schon im Betriebsplan unseres Stoffwechsels vorgesehen. Zwar hat sich unser Lebensstil in den letzten Jahren dramatisch verändert, aber nicht unser Erbgut.

»Bisher empfahlen Ärzte körperliche Aktivität und Sport meist als Prophylaxe, um dem Ausbruch von Krankheiten und Leiden vorzubeugen. Doch seit kurzem kommt Bewegung in die ganze Medizin. Psychiater und Onkologen, ebenso Orthopäden, Demenzforscher und Kardiologen erkennen: Den Körper in Gang zu setzen, hilft Menschen auch dann, wenn sie schon längst krank sind.« Ein klares – mehr noch: ein revolutionäres – Statement, das der Spiegel da in einer Titelstory (»Die Heilkraft der Bewegung«) veröffentlichte: »Bewegung wirkt häufig deutlich besser als teure Tabletten und Hightechmedizin.«

»Bewegung wirkt häufig deutlich besser als teure Tabletten und Hightechmedizin.« Der Spiegel

Fragen Sie mal Sportmediziner, was für sie die gesündeste Bewegungsform ist. Die allermeisten werden sagen: Skilanglauf. (Und dann wer den sie sicherlich hinzufügen: Und im Sommer Nordic Walking.)

Die Ganzkörperbewegung

Skilanglauf tut dem ganzen Körper gut. Herz und Kreislauf, auch die Atmung und der Stoffwechsel profitieren. Und Langlauf schafft neue Kräfte: trainiert die Muskeln, stärkt die Kondition und fördert die Koordination. Außerdem ist dieser Sport optimal für die Gelenke. Denn die leben schließlich von der Bewegung – und nicht von der Ruhestellung. Die rhythmisch-dynamische Ganzkörperbewegung, die für den Langlauf so charakteristisch ist, übt Reize aus, die für die Ernährung von Schleimhäuten und Kapseln sowie der Gelenkknorpel ungemein positiv sind.
Hinzu kommt: Mit regelmäßigem Skilanglauf (und in den übrigen Monaten Nordic Walking) können Sie Ihren Körper gewissermaßen »entfetten« und den Cholesterinspiegel wieder in Ordnung bringen. Damit verringert sich auch das Risiko der typischen Zivilisationskrankheiten (etwa Arteriosklerose, Herzkranzgefäß-Verkalkung, Adipositas, Diabetes mellitus). Von der im Volksmund »Zucker« genannten Krankheit sind hierzulande schon über sechs Millionen Menschen betroffen. Sie leiden meist auch

Skilanglauf – der gesunde Sport

Naturerlebnis der schönsten Art: Skilanglaufen tut bekanntlich nicht nur dem Körper gut, sondern vor allem auch der Seele.

unter Übergewicht. In ihrem Blut zirkuliert zu viel Glukose. Die Ursache dafür ist ein Mangel an dem Hormon Insulin. Insulin ist dafür verantwortlich, dass Glukose aus dem Blut in die Zellen gelangt und dort zur Energiegewinnung genutzt werden kann. Der Diabetiker hat also gleich zwei Probleme: Die Zellen bekommen zu wenig Nährstoffe und die im Blut erhöhte Glukose richtet auf die Dauer große Schäden an Gefäßen an. Die Stoffwechselkrankheit ist chronisch und bleibt lebenslang bestehen. Allerdings kann durch gezielte Therapie und eine Umstellung der Lebensweise nahezu völlige Beschwerdefreiheit erreicht werden.
Am besten durch Bewegung. Allerdings können kurze, heftige Belastungsintervalle den Blutzuckerspiegel vollends durcheinanderbringen und zu starkem Blutzuckerabfall führen. Sinnvoll ist eine gleichmäßige, sanfte Belastung: wie bei Schwimmen, Radfahren, Nordic Walking – und im Winter Skilanglauf. Neben der positiven Wirkung auf den Zuckerhaushalt verschwindet damit auch das lästige Übergewicht, mit dem viele Betroffene zu kämpfen haben.
Ein großes Plus beim Skilanglauf ist, dass man die Tempobelastung nicht so überziehen kann (wie etwa beim Jogging). Wie schon erwähnt

Ausgleichssport

können sich selbst sehr Ambitionierte oder Überehrgeizige mit den Brettern unter den Füßen kaum überfordern. Zudem sind beim Ausdauersport Skilanglauf die Belastungen für das Herz-Kreislauf-System längst nicht so extrem wie etwa beim alpinen Skilauf – bei steilen Abfahrten kann der Puls auf 200 Schläge pro Minute hochschnellen.

Wie die Muskulatur gestärkt wird

Was noch viel zu wenige wissen: Auch für die Wirbelsäule und ebenso für die Schulter- und Armmuskulatur ist der Langlauf gut, ganz hervorragend sogar für die Rückenmuskulatur.

In seinem Buch schreibt der Sportmediziner Dr. Hans-Wilhelm Müller-Wohlfahrt (»Mensch, beweg dich!«): »Gerade wir Orthopäden erleben ja tagtäglich, dass Rückenbeschwerden wirklich zur Volkskrankheit geworden sind – weil sich die Menschen einfach viel zu wenig bewegen, viel zu viel sitzen. Und dann oft auch noch in der falschen Körperhaltung. Beim Skilanglauf wird der Rücken mit jeder Bewegung gestreckt. Ich kenne keinen anderen Sport, der eine ähnlich positive Wirkung auf die Wirbelsäule hat – allenfalls noch das Rückenschwimmen.«

Skilanglaufen und Nordic Walking – beide intensivieren die Sinne für die Natur, machen die Gedanken frei; kein Anstehen, kein Warten am Skilift. Nordic Walking ist die Skigymnastik des 21. Jahrhunderts.

Skilanglauf – der ideale Ausgleichssport

Der klassische Skilanglauf und das Nordic Walking folgen dem Prinzip der Kreuzkoordination, sie wirken sanft auf Gelenke und Sehnen. Beides sind Ganzkörper- und Ausdauersportarten, beide trainieren die Muskulatur umfassend und beide befruchten sich. Und jede der beiden Sportarten ist für sich genial. Beim Skilanglauf (und natürlich auch beim Nordic Walking) werden die Ausdauer und die Kraft trainiert – dadurch wird dieser »natürliche« Bewegungsablauf zu einem idealen Ausgleichssport für andere Disziplinen. Der Radfahrer holt sich hier Kondition, Schnelligkeit, Beweglichkeit. Tennisspieler, Boxer, Fußballspieler, sogar Schwimmer können durch Skilanglauf ihre Form halten – und spielerisch verbessern. Selbst Ruderer profitieren: Die Stockarbeit kräftigt schließlich die Schultermuskulatur. Als Franz Beckenbauer Trainer war, empfahl er jedem seiner Profis: »Mach in der Winterpause Skilanglauf!« Er selbst macht es ja auch.

Skilanglauf – der gesunde Sport

Beim Skilanglauf sind 90 Prozent der Muskulatur in Aktion – so viel wie sonst nur beim Nordic Walking. Die Beine werden ständig beansprucht, Arme und Rumpf durch zusätzlichen Stockeinsatz weit mehr als beim Laufen. Die Koordination wird gefördert. Und durch das Gleiten in der Loipe wirkt Skilanglauf sanfter, die Stauchbelastung entfällt, Sie können länger unterwegs sein.

Wohltat für die Seele

Auch das seelische Gleichgewicht wird durch Skilanglauf trainiert. Die rhythmische Bewegung im freien Raum der Natur öffnet den Körper, lässt ihn frei atmen, animiert ihn, Gerüche und Temperaturen sensibel wahrzunehmen. Die gleichmäßigen, fließenden Abläufe, mit denen wir uns über die Schneeflächen bewegen, erlauben es, jeden äußeren Reiz intensiver aufzunehmen: den Baum am Rand der Loipe, die Bergkulisse am Horizont, das klare Licht, die Silhouette sanfter Hügel, die manchmal märchenhafte Romantik des dunklen Tann.

Auf uns Zivilisationsmenschen übt all dies einen positiven Effekt aus, den man in der Therapie von Herz-Kreislauf-Leiden das »Risikoerlebnis« nennt. Dr. Peter Beckmann, Sohn des Malers Max Beckmann, hat diese Erfahrung in seiner »Ohlstädter Kur« als ein wesentliches Mittel bei der Rehabilitation von Herzinfarktpatienten vorgesehen: Ausflüge in die Natur, Abreiben des Oberkörpers mit Schnee. Ein »Risiko«, das der zivilisierte Großstadtmensch sonst ja kaum mehr eingeht. Dieser körperliche Ausnahmezustand, den wir beim Skilanglauf erleben, wirkt unmittelbar auf die Seele: Natürliche Freude, Stolz, Selbstbestätigung, innere Harmonie stellen sich ein. Man kann das auch einfach die Überwindung des inneren Schweinehundes nennen. »Mensch, ich kann es ja noch! Ich habe erlebt, dass es nach fünf Kilometern noch weitergegangen ist. Hui, ich habe 20 Kilometer geschafft, habe Hindernisse überwunden, mir Anstiege und Abfahrten zugemutet – und sie geschafft!« Dadurch wächst das Vertrauen in den eigenen Körper.

In Zeiten, die immer schnelllebiger und bewegungsärmer werden, kann Skilanglauf also zu einer elementaren Erfahrung mit der Natur werden, auch mit der eigenen Natur. Das sind wunderbare, wertvolle Momente. Das Glücksgefühl, das diese Bewegung stiftet, steigern ausgeschüttete Hormone manchmal sogar bis zu einem sanften »Rausch«.

In diesen Zeiten, die immer schnelllebiger, aber leider auch bewegungsärmer werden, kann Skilanglauf zu einer elementaren Erfahrung mit der Natur werden – auch mit der eigenen Natur.

Erkältung & Co.

Die häufigsten Beschwerden

Anders als in die meisten anderen Sportarten ist die Verletzungsgefahr beim Skilanglauf eher gering. Gelegentlich kommt es bei Stürzen zu Brüchen im Unterarmbereich, meist in der Nähe des Handgelenks (»Skidaumen«). Wenn man nicht aus der Stockschlaufe herauskommt, wirkt der Griff als Hebel, dann sind Kapsel-Band-Verletzungen möglich. Gefährdet sind vor allem auch die Schulter- und Sprunggelenke und deren Bänder. Bei guter körperlicher Verfassung sind solche Verletzungen aber sehr selten. Die Unfall- und Verletzungsgefahr lässt sich natürlich verringern, wenn Sie sich vorher aufwärmen, wenn Sie die Geschwindigkeit unterwegs Ihren Fähigkeiten anpassen und kontinuierlich versuchen, Ihre Technik zu verbessern.

Wenn es zu schnell wird, steht Ihnen immer eine Bremse zur Verfügung, die nicht besonders cool ist, die sich aber seit Generationen bewährt hat: der Hosenboden.

Klar, Wintersportler fangen sich öfter Erkältungskrankheiten ein. Wenn Sie davon betroffen sind, ist eine Trainingspause Pflicht. Mit Husten oder Schnupfen in die Loipe zu gehen, wäre fahrlässig. Nach einem

> Die Verletzungsgefahr beim Skilanglauf ist eher gering. Sie sollten sich aber trotzdem auf alle Fälle vorher immer gut aufwärmen.

Fünf Tipps gegen Erkältung und Grippe

1. Nach dem Training sofort umziehen (auch wenn es draußen sehr kalt ist). Das Risiko zu erkranken ist in der ersten Stunde nach der Belastung am größten. Kälte und Nässe auf der Haut sind immer eine Gefahr. Achten Sie auch darauf, dass Sie stets trockene Füße haben.
2. Trainieren Sie maßvoll. Überfordern Sie Ihren Körper nicht. Steigern Sie die Belastung langsam. Planen Sie Ruhepausen ein.
3. Regenerieren Sie. Sorgen Sie für ausreichend Schlaf.
4. Härten Sie sich ab. Beispielsweise mit Wechselduschen am Morgen (abwechselnd drei Mal heiß und kalt). Oder mindestens ein Mal pro Woche einen Saunabesuch einplanen. Dann schaffen das Herz und die Blutgefäße die Umstellung von heiß auf kalt besser.
5. Essen Sie vernünftig. Achten Sie generell auf eine ausgewogene Ernährung. Essen Sie besonders viel Obst, Gemüse und Salat. Sehr viel Vitamin C ist auch in Kartoffeln enthalten. Nehmen Sie eventuell zusätzlich Vitaminpräparate ein.

Keine andere Sportart ist so familienfreundlich wie Skilanglauf. Kinder, die ein Minimum an Bewegungsgefühl entwickelt haben, können auch skilanglaufen. Allerdings sollten sie niemals gezwungen werden, hinter Papa herzuhetzen. Viel besser ist es, wenn sie mit Gleichaltrigen laufen. Im Übrigen sollte es wie beim guten alten Familienspaziergang sein: Der Langsamste bestimmt das Tempo. Oder es werden regelmäßig Pausen gemacht.

grippalen Infekt sollte man frühestens drei Tage nach dem Abklingen (bzw. zehn Tage nach Beginn der Erkrankung) wieder trainieren. Sonst besteht die Gefahr, dass sich das Virus im Körper festsetzen und langfristig Schaden anrichten kann.

Nur Eskimos sind so gut wie nie erkältet. Warum? Weil sie nicht so starken Temperaturschwankungen ausgesetzt sind. Die belasten das Immunsystem enorm und wir werden anfälliger für Viren und Bakterien. Besonders im Winter, wenn wir von einem warmen Raum in die Kälte kommen, verengen sich untrainierte Blutgefäße so stark, dass die Schleimhäute von Nase und Rachen nicht mehr genügend durchblutet werden. Dadurch wird das Abwehrsystem geschwächt, weil es an Nachschub mangelt. Die Schleimhäute entzünden sich, schwellen an und sondern viel Schleim ab – so entsteht ein Schnupfen. Der Hals tut weh, die Nase läuft. Immer wenn unser Immunsystem angeschlagen ist, sind Erkältung und Grippe vorprogrammiert.

Muskelkater

Ein Muskelkater ist nicht Schlimmes, er verschwindet nach ein paar Tagen wieder. Folgenlos. Muskelkater entsteht nach einer intensiven oder ungewohnten Belastung. Früher nahm man an, dass für diese Muskelschmerzen die Anhäufung saurer Stoffwechselprodukte (Laktat) verantwortlich ist. Tatsächlich ist der Muskelkater aber auf eine Gewebeschädigung im Bereich der Muskelfasern zurückzuführen. Durch Überanspruchung übersäuert die Muskulatur, Milchsäure und Schlacken setzen sich ab, stören die Durchblutung und reizen das Gewebe. Muskelschmerzen signalisieren: jetzt ist die Reparatur voll im Gange.

Was tun, wenn ich einen Muskelkater habe? Die erstarrte Muskulatur sollte vorsichtig gelockert werden. Wenn keine Muskelstarre aufgetreten ist, sollten Sie leicht laufen. Mit zunehmender Muskelerwärmung wird der Bewegungsablauf oftmals auch wieder besser.

Auf keinen Fall sollten Sie die sportliche Belastung wiederholen, die den Muskelkater verursacht hat. Bei schwerem Muskelkater hilft ein Ermüdungsbad (15 Minuten bei 37 bis 39 Grad). Geben Sie eine Hand voll Kochsalz ins Badewasser. Auch Aquajogging, Fahrradfahren oder zwei Brausetabletten Aspirin plus C können lindern. Übrigens: Durch vernünftig dosiertes Training lässt sich ein Muskelkater vermeiden.

Zehn Regeln für eine optimale Ernährung

Bewußte Ernährung fördert nicht nur die Gesundheit, sondern auch die Leistungsfähigkeit. Beides, Training und richtige Ernährung, gehört zusammen – sonst läuft es nicht optimal.

Essen Sie regelmäßig
Lassen Sie das Frühstück nicht ausfallen. Frühstücken Sie am besten Müsli mit Obst – das hält am längsten vor.

Essen Sie auch mal Rohkost
Dazu zählen auch Nüsse, Früchte, Sprossen, Gemüse und Blattsalate. Ersetzen Sie ein bis zwei Mal pro Woche die Mahlzeit durch reine Rohkost (nur Salat statt Gulasch mit Nudeln). Ihr Körper bekommt wichtige Ballaststoffe, Vitamine und Spurenelemente. Außerdem: Wenn der Körper mal nicht so kohlenhydrat- und fettreich versorgt wird, kann sich der Organismus auf die optimale Auswertung, den Transport und den Abbau von Schlackenstoffen konzentrieren.

Leckere Abwechslung: Ein Rohkostteller sollte am besten mittags auf den Tisch. Wichtige Zutat: hochwertiges Olivenöl.

Essen Sie täglich Obst und/oder Gemüse
»Five a day«, »Color Food« nach den Ampelfarben – hinter dieser modernen Verpackung steckt eine einfache Botschaft: Essen Sie täglich so viel pflanzliche Fitmacher wie möglich. Genießen Sie wegen der Vielfalt der unterschiedlichen gesundheitsfördernden Inhaltsstoffe täglich grünes, gelbes und rotes Gemüse und Obst – am besten ergänzt durch Vitamin-E-haltiges Oliven- oder Rapsöl. So stärken Sie das Immunsystem, sammeln Helfershelfer für den Abwehrkampf gegen freie Radikale.

Wählen Sie die Lebensmittel sorgfältig aus
Achten Sie auf Qualität. Kaufen Sie Lebensmittel bewusst ein. Orientieren Sie sich an frischen Produkten der Jahreszeit. Obst lässt sich zwei bis drei Monate bei gleichbleibender Qualität einfrieren. Vermeiden Sie, wenn es geht, Gemüsekonserven, lang gegartes Gemüse, aufgewärmte oder lang gekochte Speisen – die sind nicht mehr viel wert.

Skilanglauf – der gesunde Sport

Heißes für die Loipe: Auf einer längeren Trainingsrunde sollten Sie am besten immer Tee dabei haben.

Trinken Sie ausreichend

Ihr Körper benötigt etwa 1,5 bis 2 Liter Wasser pro Tag. Trinken Sie daher reichlich Wasser, Mineralwasser, verdünnte Obst- und Gemüsesäfte und ungesüßte Früchte- oder Kräutertees. Kaffee oder schwarzen Tee sollten Sie nur in Maßen genießen. Auch zuckerreiche Limonaden und Fruchtsaftgetränke sowie alkoholische Getränke sind keine geeigneten Durstlöscher.

Essen Sie weniger Fleisch, mehr Fisch

Eiweiße gehören zu den Grundnahrungsmitteln, die wir kontrolliert zu uns nehmen sollten. Besonders Eiweiß tierischer Herkunft (jede Art von Fleisch, Milcherzeugnisse, Eier). Für eine optimale Ernährung brauchen wir nicht jeden Tag Fleisch. Ersetzen Sie pro Woche ein Mal Fleisch durch Fisch.

Steigen Sie auf Vollkornprodukte um

Besonders beim Brot. Vermeiden Sie Weißmehlprodukte, wo immer es möglich ist. Körner- und samenreiche Brotsorten enthalten eine Fülle von Vitaminen und Spurenelementen, erleichtern die Verdauung, beugen Verstopfung vor, sättigen lang anhaltend und sind, wie der Name andeutet, wirkliche Kraftpakete.

Entwöhnen Sie sich von Junkfood

Junkfood ist meist powerloses Zeugs, leere Kalorien. Entdecken Sie, wie gut Ihnen Salate, Gemüse und Obst tun – echte Nahrung.

Meiden Sie zu spätes Essen

Unsere Natur verübelt uns nächtliche Schlemmerei (nach 21 Uhr). Die Verdauung verzögert sich. Der Organismus soll nachts nicht auf Höchststufe arbeiten, sondern regenerieren.

Und vor allem – genießen Sie das Essen!

Optimale Ernährung braucht Zeit zur Zubereitung und Zeit für den Verzehr. Essen ist schließlich Teil unserer Lebenskultur. Essen heißt: Geselligkeit, in der Familie, mit Freunden, im Beruf (Geschäftsessen). Essen ist Genuss, auch an der Vielfalt.

Die 10 DSV-Gesundheitsregeln für Skifahrer

Verletzung, Unfall oder Krankheit sind keine typischen Begleiterscheinungen des Skisports, sondern davon unabhängig. Sie sind vielmehr Folge von falschen Verhaltensweisen der einzelnen Skisportler.

1. Jeder Skifahrer sollte konditionell gut vorbereitet sein, der Bewegungsapparat und das Herz-Kreislauf-System so trainiert sein – am besten das ganze Jahr über –, dass allen sportlichen und körperlichen Anforderungen genügt wird.
2. Den Wetterverhältnissen angepasste Kleidung ist unerlässlich, um Unterkühlungen auszuschließen. Die technische Ausstattung, vor allem Schuhe und Bindung, müssen den neuesten Sicherheitsvorschriften entsprechen.
3. Nach längeren Abfahrten Erholungspausen einlegen und die Fahrzeiten, insbesondere in den ersten Tagen, nicht zu lange ausdehnen. Unfälle ereignen sich überwiegend bei Ermüdung und am späten Nachmittag.
4. Bei Herzschmerzen, Schwindel, Atemnot und anderen Beschwerden anhalten und sobald als möglich den Arzt aufsuchen.
5. Vorsichtiges und umsichtiges Fahren vermeidet Unfälle. Lawinensperrgebiete nie durchfahren.
6. Übermäßiges Essen unmittelbar vor und während des Skilaufens sind zu vermeiden. Kleine kohlenhydratreiche Zwischenmahlzeiten haben sich bewährt.
7. Vor und während des Skilaufens keinen Alkohol trinken.
8. Menschen mit erhöhtem Blutdruck, Zuckerkrankheit, Durchblutungsnot des Herzens (bzw. nach Herzinfarkt) dürfen meist auch skilaufen, sollten jedoch zuvor den Rat ihres Arztes einholen; ebenfalls, wer Medikamente einnimmt.
9. Nicht das Alter, sondern allenfalls ein schlechter Trainings- und Gesundheitszustand sind ein Grund, auf das Skilaufen zu verzichten.
10. Skiläufer sollten auf ausreichend Schlaf achten, damit der Körper sich von den täglichen Belastungen erholen kann.

Skiläufer haben ihr Schicksal selbst in der Hand. Richtige Verhaltensweisen sind der beste Schutz vor Unfällen, Verletzungen oder Erkrankungen. Sie lassen sich erlernen.

Meine Top-Reviere
Trentino

Was für ein Finale, hinauf zur Mittelstation der Alpe Cermis (1 278 m). Drei Kilometer Anstieg, 420 Höhenmeter, durchschnittlich 12 bis 14 Prozent Steigung, und drei Passagen mit bis zu 28 Prozent – der »Final Climb« ist jedes Jahr im Januar der Höhepunkt bei der »Tour de Ski«. Skilanglauf extrem, der den Athleten alles abverlangt. Ein sportliches Spektakel im Grenzbereich, das Millionen Zuschauer vor dem Fernseher verfolgen. Und dass das Val di Fiemme und das ganze Trentino in den Fokus rückt – als erstaunliche Langlauf-Destination.

Tatsächlich ist diese Region in der atemberaubenden Landschaft der Dolomiten ein Langlaufparadies. Hier gibt es den größten Nordic-Verbund in Italien: Der SuperNordicSkipass eröffnet Wintersportlern rund 1 000 Kilometer Loipen für klassische oder Skating-Technik – davon sind 470 km im Trentino. Zu den schönsten Trentiner Langlaufzentren gehören Lago di Tesero, Passo Lavazè, der Gebirgspass Campo Carlo Magno, Millegrobbe auf der Folgaria Hochebene, der Passo Coe, Passo San Pellegrino Alochet und Viote Monte Bondone.

Herausragende Naturerlebnisse garantieren auch die Strecken des Zentrums Campo Carlo Magno, in der Nähe von Madonna di Campiglio und inmitten der Brenta-Dolomiten, welche durch den Naturpark Adamello Brenta verlaufen. Wer Ursprünglichkeit liebt, sollte das Langlaufzentrum Passo Coe besuchen. Für Weitblicke stehen die Loipen von Millegrobbe auf der Folgaria Hochebene. Im Langlaufzentrum Alochet bei Passo San Pellegrino genießen die Langläufer ein einmaliges Dolomiten-Panorama auf einer Durchschnittshöhe von 1 800 Metern.

Besonders populär aber sind die Loipen von Lago di Tesero im Val di Fiemme. Hier wurden schon drei Mal (1991, 2003 und 2013) die Nordischen Skiweltmeisterschaften ausgetragen. Und jedes Jahr Ende Januar findet hier der berühmte Skimarathon Marcialonga (mit über 7 000 Teilnehmern) statt – 70 km durch das Val di Fiemme und Val di Fassa, von Moena über Canazei nach Cavalese. Ein echtes Volksfest für alle Langlauf-Interessierten.

Mehr Infos: www.visittrentino.it; www.marcialonga.it; www.1000grobbe.it; www.fiemmeworldcup.com; www.supernordicskipass.it

Tannheimer Tal (Tirol)

»Eines der wohl schönsten Hochtäler Europas« – diese wohlwollende Beschreibung des Tannheimer Tales setze einst der Reiseschriftsteller Ludwig Steub in die Welt. Gut 160 Jahre später nutzt Michael Keller diesen Superlativ weiterhin gerne. Der rührige Geschäftsführer vom Tourismusverband Tannheimer Tal konnte seine kleine Region damit prima positionieren. In der Wintersaison läuft das »urtümliche«, »verschwiegene«, »erschwingliche Tal«, das nur 16 Kilometer lang ist, zur Hochform auf. Mit seinem 140 Kilometer langen Loipennetz, das über zugefrorene Seen, durch ein Naturschutzgebiet und bis über die deutsche Grenze (Hindelang, Oberjoch) führt, den geringen Höhenunterschieden von nur 50 Metern und der ziemlich schneesicheren Lage auf 1 100 Meter gehört das Tannheimer Tal mit zu den schönsten Langlaufgebieten in den Alpen. Neben optimaler Loipenpräparierung und Kursbeschilderung gibt es Skibusse, die regelmäßig zwischen Höfen (bei Reutte) und Jungholz pendeln. Wer sich unterwegs fürs Aufhören (»I mog nimmer«) entscheidet, kann sich kostenlos zurück in seine Unterkunft chauffieren lassen. Im Ortsteil Berg gibt es den ersten »Nordic Slider«, eine Loipenspur über die Straße. Lästiges Ab- und Anschnallen der Langlaufskier entfällt.

Sportliches Highlight ist jedes Jahr Mitte Januar der Langlaufmarathon SKI-TRAIL Tannheimer Tal – Bad Hindelang.

Mehr Infos: www.tannheimertal.com; www.ski-trail.info

Ramsau am Dachstein

»Skilanglauf-Mekka«, »ultimative Sportregion«, »Langlauf-Paradies«, »Österreichs bedeutendstes nordisches Ski- und Snow-Wellness-Zentrum« – mit solchen schmeichelhaften Attributen kann sich Ramsau am Dachstein schmücken. Tatsächlich bietet das schneereiche, sonnige, nach Süden offene Hochplateau mit seiner Drei-Etagen-Landschaft (1 100 – 2 700 m) ideale Bedingungen für alle nordischen Disziplinen. Das Loipennetz umfasst insgesamt 220 km, davon 80 km fürs Skating. Und entlang der Loipen und Wege laden viele gemütlich-urige Hütten zur Einkehr.

Ein Höhepunkt ist die Nachtloipe im Langlaufstadion in Ramsau Ort, die täglich bis 21 Uhr beleuchtet ist. Zentraler Ausgangspunkt des

Nordischen Sportangebotes ist natürlich das Langlaufstadion in Ramsau Ort mit eigenem Testcenter. Die Saison beginnt schon im Oktober oben auf dem Dachstein-Gletscher in 2700 m Höhe. Hier trifft sich jedes Jahr die nordische Weltelite, um die sehr guten Trainingsbedingungen (18 km Gletscherloipen, siehe Foto rechts) zu nutzen. Manchmal sind zehn, zwölf Nationalmannschaften gleichzeitig da.
Mehr Infos: www.ramsau.com

Oberstdorf

Als Austragungsort Nordischer Skiweltmeisterschaften (1987, 2005) steht Oberstdorf im Allgäu bei Langläufern und Skiwanderern hoch im Kurs. Zu Recht. Denn 76 km führen rund um den Ort in die landschaftlich wunderschönen Seitentäler – ein wahres Langlaufparadies. Damit stehen unzählige Einstiegsmöglichkeiten zur Verfügung. Leicht sind zum Beispiel die Otterrohr-Loipe oder der Oberstdorfer Rundkurs (8 km), schwer ist die Spielmannsau-Loipe (teilweise 15 Prozent Steigung). »Auf den Spuren der Weltmeister« kann jeder die (teilweise sehr anspruchsvolle) WM-Loipe von 2005 gerne selber mal testen. Für den Fall der Fälle können zehn Kilometer im Kernbereich der WM-Strecke beschneit werden. Der Kurs über Rubi und Reichenbach nach Schöllang verbindet das Loipennetz von Oberstdorf mit dem von Fischen. Im angrenzenden Kleinwalsertal gibt es weitere sechs Loipen (48 km). Ausgebildete Langlauflehrer vermitteln die Technik, modernstes Leihmaterial steht bereit. Regelmäßig finden auch Schnupperkurse statt.
Mehr Infos: www.oberstdorf.de

Engadin

Das Schweizer Engadin (mit St. Moritz als bekanntesten Ort) bietet nicht nur landschaftliche Schönheit und herausragende Loipenqualität, sondern auch Schneesicherheit. Ob im eleganten klassischen Stil oder der dynamischen Skating-Technik, auf den über 220 variantenreichen Loipenkilometern lässt sich nordischer Skisport in einer eigenen Dimension erleben. Eine Tageskarte (»Schweizerischer Loipen-

pass«) kostet 8 SFr. Jahr für Jahr zieht es Anfang März rund 12 000 Langlaufbegeisterte in das südliche Hochtal der Alpen, die am weltberühmten Engadin Skimarathon teilnehmen wollen.
Mehr Infos: www.engadin.stmoritz.ch; www.engadin-skimarathon.ch

Bayrischzell

Als wärs ein Stück Bilderbuch-Bayern – so sehen die meisten diese reizvolle Landschaft am Fuße des Wendelsteins. Bilderbuch-Bayern? Ich möchte dies gerne bestätigen, denn in dieser Region lebe ich immer schon und sehr gerne. Und auch der renommierte »DSV-Ski Atlas« bestätigte: Die 100 km bestens präparierte Klassik- und Skating-Loipen im Talboden sind ein Genuss. Besonders attraktiv ist der Rundkurs vom Zipfwirt ins Kloo-Aschertal (6 km). Außerdem steht ein Nordic aktiv Zentrum zur Verfügung, die Sportalm Bayrischzell bietet Umkleidemöglichkeit, Duschen, Langlauftestzentrum, Service und Wachsmöglichkeiten – und ein kleines Bistro für den Apres-Langlauf.
Mehr Infos: www.bayrischzell.de; www.nordic-aktiv-schule.de

Oberhof/Thüringer Wald

Klare Luft, hohe Schneesicherheit und bestens präparierte Loipen: Der Thüringer Wald mit dem Rennsteig und der Ferienregion Oberhof ist schon seit über 100 Jahren ein Klassiker unter den deutschen Fernwanderwegen und wird fast auf seiner gesamten Länge (168 km) gespurt. Insgesamt durchziehen mehr als 1 800 Kilometer Loipen die Höhen und Täler Thüringens. Spektakuläre Neuerung in Oberhof: In

Deutschlands einziger Skilanglauf- und Biathlonhalle ist (bei einer konstanten Temperatur von -4 Grad) das ganze Jahr über Betrieb. Nicht nur Leistungssportler, auch Amateure und Kinder können hier auf der 2 km langen Strecke, die auch Steigungen und Abfahrten bietet, ihre Runden drehen. Eine Familienkarte kostet 35 Euro.
Mehr Infos: www.oberhof.de; www.oberhof-skisporthalle.de

Adressen

... und noch mehr lohnende
Skilanglauf-Reviere (Auswahl)

Deutschland
- Harz (500–820 m ü. NN); Infos: www.harzinfo.de
- Rhön (526–950 m); Infos: www.rhoentourist.de
- Erzgebirge (920–1200 m); Infos: www.oberwiesenthal.de
- Sauerland (600–800 m); Infos: www.winterberg.de
- Fichtelgebirge (645–1024 m); Infos: www.fichtelberg.de
- Schwarzwald (880–1250 m); Infos: www.schwarzwald-tourismus.info
- Todtnauer Ferienland (980–1388 m); Infos: www.todtnauer-ferienland.de
- Feldberg (950–1450 m); Infos: www.liftverbund-feldberg.de
- Bayerischer Wald/Arber (550–1300 m); Infos: www.arberland-bayerischer-wald.de
- Chiemgau (690–1170 m); Infos: www.chiemgau-tourismus.de
- Schliersee/Spitzingsee (800–1900 m); Infos: www.schliersee.de
- Tegernsee/Rottach-Egern (800–1100 m); Infos: www.tegernsee.de
- Allgäu (750–1900 m); Infos: www.vitalesland.com
- Oberallgäu (815–1280 m); Infos: www.oa-aktuell.de

Österreich
- Dachstein-Tauern (750–2700 m); Infos: www.ramsau.com
- Salzburger Sportwelt Amadé (600–1800 m); Infos: www.sportwelt-amade.com
- Salzkammergut (550–1350 m); Infos: www.salzkammergut.at
- Steirisches Salzkammergut (700–1600 m); Infos: www.aussee.at
- Galtür-Paznaun (1350–2040 m); Infos: www.galtuer.com
- Seefeld, Tirol (1100–1400 m); Infos: www.seefeld.com
- Tannheimer Tal (1050–1200 m); Infos: www.tannheimertal.com
- Stubaital (937–1680 m); Infos: www.stubai.at
- Ferienregion Reutte (850–1000 m); Infos: www.reutte.com
- Region Ötztal-Mitte (936–1550 m); Infos: www.umhausen.com
- Mieminger Plateau (830–1500 m); Infos: www.sonnenplateau.net
- Achensee (930–1260 m); Infos: www.achensee.info
- Wilder Kaiser, Brixental (600–1300 m); Infos: www.kaiserwinkel.com
- St. Johann in Tirol (670–1024 m); Infos: www.kitzbueheler-alpen.com
- Osttirol (680–1920 m); Infos: www.osttirol.com

Nachtloipe in der Olympiaregion Seefeld/Tirol.

Südtirol/Italien

→ Seiser Alm (1000–2100 m); Infos: www.seiser-alm.com
→ Kronplatz (935–2275 m); Infos: www.kronplatz.com
→ Sextner Dolomiten (Hochpustertal) (1130–2200 m);
  Infos: www.hochpustertal.info
→ Eggental (1000–2100 m); Infos: www.eggental.com
→ Gröden (1235–1250 m); Infos: www.www.valgardena.it
→ Rosengarten (1200–2500 m);
  Infos: www.rosengarten-latemargebiet.com
→ Antholzer Tal (850–1700 m); Infos: www.antholz.com
→ Gsieser Tal (1150–1500 m); Infos: www.gsieser-tal.eu
→ Tauferer Ahrntal (950–2500 m); Infos: www.tauferer.ahrntal.com
→ Cortina d'Ampezzo (1200–1800 m); Infos: www.cortinadampezzo.it
→ Fassatal (1200–2050 m); Infos: www.canazei.it
→ Madonna di Campiglio (700–1900 m); Infos: www.campigliodolomiti.it

Schweiz

→ Arosa (1300–1940 m); Infos: www.arosa.ch
→ Davos (1170–1630 m); Infos: www.davos.ch
→ Unterengadin (1200–2100 m); Infos: www.engadin.com
→ Oberengadin (1600–2200 m); Infos: www.stmoritz.ch
→ Lenzerheide (1230–2800 m); Infos: www.lenzerheide.com

Der Engadin Skimarathon ist die größte Skilanglauf-Veranstaltung der Schweiz – mit 13 000 Teilnehmern aus 50 Ländern. Seit 1969 findet er alljährlich am zweiten Sonntag im März statt.

Hilfreiche Bücher

Offizieller DSV-Lehrplan Skilanglauf, Deutscher Skiverband/Pietsch Verlag, Planegg 2013
Eisenhut, Andrea/Zintl, Fritz: Ausdauertraining – Grundlagen, Methoden, Trainingssteuerung, blv, München 2013
Hamm, Michael: Die richtige Ernährung für Sportler – Optimale Energie für maximale Leistung, riva Verlag, München 2013
Hottenrott, Kuno/Urban, Veit: Das große Buch vom Skilanglauf, Meyer & Meyer, Aachen 2. Auflage 2011
Müller-Wohlfahrt, Hans-Wilhelm: Mensch, beweg Dich!, dtv, München 2004
Pramann, Ulrich/Schäufle, Bernd: Nordic Walking für Einsteiger, Südwest Verlag, München 2014
Schlickenrieder, Peter/Jacobi, Robert: Madonna mia – Transalp auf Skiern, Pietsch Verlag, Stuttgart 2013

Nützliche Adressen

- → www.deutscherskiverband.de Offizielle Seite des deutschen Skiverbands
- → www.fis-ski.com Offizielle Seite des Internationalen Skiverbands
- → www.oesv.at Österreichischer Skiverband
- → www.langlaufen.com Nordic Sports, die Tiroler Langlaufexperten
- → www.crosscountry-ski.com Langlauffreundliche Hotels
- → www.nordic-sports.de Magazin
- → www.peter-schlickenrieder.de
- → www.skitime.it Weltcup- und Skilanglaufinfos (Italien)
- → www.swiss-ski.ch Schweizerischer Skiverband
- → www.ski-online.de Freunde des Skisports e.V.
- → www.loipenportal.de Loipennetz in Deutschland
- → www.xc-ski.de Infos rund um das deutsche Skilanglaufteam

Nützliche Adressen (Hersteller)

→ www.atomic.com/de Bindungen, Ski
→ www.fischersports.com Ski
→ www.garmin.com GPS-/Herzfrequenzmessgeräte
→ www.hwk-skiwachs.de Skiwachs
→ www.holmenkol.com Skiwachs
→ www.ledlenser.com Stirnlampen
→ www.leki.de Stöcke
→ www.loeffler.at Bekleidung
→ www.odlo.com Bekleidung
→ www.polar.com Herzfrequenzmessgeräte
→ www.rudyproject.de Sportbrillen, Helme
→ www.salomon.com Ski, Bindungen, Schuhe, Bekleidung
→ www.sigmasport.de Herzfrequenzmessgeräte
→ www.silva.se Stirnlampen
→ www.swix.de Bekleidung, Ski, Stöcke, Wachs
→ www.xenofit.de Nahrungsergänzung

Die offiziellen FIS-Verhaltensregeln
für Skilangläufer

Rechtsverkehr – das gilt auch in der Loipe.

→ **Rücksicht auf andere:** Jeder Langläufer muss sich so verhalten, dass er keinen anderen gefährdet oder schädigt.

→ **Laufrichtung und Lauftechnik:** Markierungen und Signale (Hinweisschilder) sind zu beachten. In Loipen ist in der angegebenen Richtung und in der vorgegebenen Lauftechnik zu laufen.

→ **Wahl der Spur:** Auf Doppel- und Mehrfachspuren muss in der rechten Spur gelaufen werden. Langläufer in Gruppen müssen in der rechten Spur hintereinander laufen.

→ **Überholen:** Überholt werden darf rechts oder links. Der vordere Läufer braucht nicht auszuweichen. Er sollte aber ausweichen, wenn er es gefahrlos kann.

→ **Gegenverkehr:** Bei Begegnungen hat jeder nach rechts auszuweichen. Der abfahrende Langläufer hat Vorrang.

- → Stockführung: Beim Überholen, Überholtwerden und der Begegnung sind die Stöcke eng am Körper zu führen.
- → Anpassung der Geschwindigkeit an die Verhältnisse: Jeder Langläufer muss, vor allem auf Gefällstrecken, Geschwindigkeit und Verhalten seinem Können, den Geländeverhältnissen, der Verkehrsdichte und der Sichtweite anpassen. Er muss einen genügenden Sicherheitsabstand zum vorderen Läufer einhalten. Notfalls muss er sich fallen lassen, um einen Zusammenstoß zu verhindern.
- → Freihalten der Loipen: Wer stehen bleibt, tritt aus der Loipe. Ein gestürzter Langläufer hat die Loipe möglichst rasch freizumachen.
- → Hilfeleistung: Bei Unfällen ist jeder zur Hilfeleistung verpflichtet.
- → Ausweispflicht: Jeder, ob Zeuge oder Beteiligter, ob verantwortlich oder nicht, muss im Fall eines Unfalls seine Personalien angeben.

Quelle: DSV-Lehrbrief, Heft Nr. 5

FIS-Umweltregeln für Wintersportler

Für die meisten Menschen ist Wintersport auch mit einem Naturerlebnis verbunden. Denken Sie daran: Die freie Natur ist Heimat für Tiere und Pflanzen, die auf empfindlichem Boden gedeihen. Alle sind aufgerufen, die Landschaft zu schonen, um auch in Zukunft Wintersport in einer intakten Umwelt ausüben zu können und nachhaltig zu sichern. Der Internationale Skiverband bittet daher die Skisportler und Snowboarder, folgende Regeln zu beachten:

1. Informieren Sie sich über Ihr ausgewähltes Gebiet. Unterstützen Sie die Orte, die sich um die Umwelt sorgen.
2. Reisen Sie mit umweltfreundlichen Verkehrsmittel (Bus, Bahn) an.
3. Bilden Sie Fahrgemeinschaften bei Anreise mit dem privaten Auto.
4. Lassen Sie Ihr Auto am Skiort stehen, nehmen Sie den Skibus.
5. Fahren Sie nur bei ausreichender Schneedecke Ski und Snowboard.
6. Halten Sie sich an die markierten Pisten und Loipen.
7. Beachten Sie Pistenmarkierungen und -sperrungen.
8. Nicht abseits der Pisten fahren, besonders im Wald.
9. Nicht in geschützte Gebiete fahren. Schonen Sie Tiere und Pflanzen.
10. Nehmen Sie Ihren Abfall mit.

Register

Abfahrtstechnik 35, 45
Adaption (Anpassung) 68
Aerobes Training 66/67
Anaerobes Training 66
Angerer, Tobias, 8
Aufkanten 52
Aufstehen 31
Aufwärmen 28
Ausdauertraining 65–68
Ausgleichssport 10, 93
Ausrüstung 13–23

Bänderriss 9
Beinarbeit 54
Bekleidung 22
Bewegung 7, 91–99
Bluthochdruck 9

Comeback 8

Dehnübungen 28
Diabetes mellitus 9, 91
Diagonalschritt 13, 33, 34, 36/37
Diagonalskatingschritt 61
Doppelstocktechnik 35, 42/43, 44, 47

Erkältung 22, 95
Ernährung 91, 97/98
Ermüdungsbruch 9

Fernsehen 8
Fitnesstechnik 41
Flüssigwachs 17

Fluorwachs 17
Freude 7

Geschichte des Skilanglaufs 33, 34
Gesundheitssport 8, 65
Gesundheitsregeln 99
Gleichgewichtsübungen 28, 29, 30, 82/83
Gleiten 51, 54
Gleitwachs 19
Glücksmomente 8, 11
Grätenschritt 35

Handschuhe 23
Heißwachs 17
Hermann, Denise 8
Herz/Kreislauf 9, 28, 63, 64, 91/92
Hottenrott, Prof. Kuno 49

Inlineskating 14, 67
Innerer Schweinehund 7
Intervalltraining 10

Jogging 65

Kinder 78/79
Klassikski 13, 16, 18, 19, 25
Klister 17
Körperschwerpunkt 36
Koordination 10, 28, 55
Kopfbedeckung 23
Kräftigungsübungen 84/85
Kreuzkoordination 36, 80/81
Kurventechnik 35, 45

Register

Moravetz, Bruno 34
Motivation 10, 68/69
Mountainbiken 70/71
Muskelkater 96
Muskulatur 10, 11, 84/85, 93, 94

Nansen, Dr. Fritjof 11
Natur 7, 94
Nowax-Ski 8, 14, 18, 33
Nordic Blading 14
Nordic Cruising 15, 16, 18, 19, 25
Nordic Walking 27, 65, 76/77, 79, 93
Nystad, Claudia 8

Olympische Spiele 47

Radfahren 65, 66
Rotation 36

Seele 94
Schuhe 20
Schwächen 7
Schwimmen 67, 93
Selbstbestätigung 7
Skatingski 14, 16, 18, 25
Skatingtechnik 47–63
  1:1 Profitechnik 50, 60
  2:1 asymmetrisch 48, 50, 56/57
  2:1 symmetrisch 48, 50, 58/59
Skireviere 101–106
Skilanglauf klassisch 32–45, 48
Skilänge 16
Siitonen, Pauli 48

Softtechnik 41
Sonnenbrille 22
Spaß 9, 13, 22, 25, 79
Spiele 78/79
Sporttechnik 41
Stauchbelastung 10
Steigwachs 14, 17, 47
Steigzone 14
Stockeinsatz 10, 25
Stocklänge 21
Stöcke 21, 22
Stolz 7
Superkompensation 67/68

Teichmann, Axel 8
Temperaturhaushalt 22
Tempo 9, 47, 92
Test 26/27
Tiefschneetouren 15
Trail Running 72
Trainingsgrundsätze 86, 88/89
Trockenwachs 17

Übergewicht 92

Verletzungen 95
Volkslauf 86/87

Wachsen 17–19
Wetterverhältnisse 22
Winterurlaub 8, 15
Wohlbefinden 22

Zerrung 9

Anhang

Bildnachweis
Archiv Peter Schlickenrieder: 5; DKB-Skisport-HALLE/Oberhof: 104; Engadin Skimarathon: 106 (Remy Steinegger; www.swiss-image.ch); Fischer: 92; NATURE Fitness Magazin: 51, 69, 76 (Ulrich Pramann), 97 (Evi Schoettl); Nordic Sports Magazin: 60; Odlo: 6, 34; Olympiaregion Seefeld: 105; Salomon: 10, 15; Marco Felgenhauer: 7, 12-24, 28-31, 32, 37-45, 46, 48, 52-74, 80-85, 90, 98, 100; Steiermark Tourismus: 79 (ikarus.cc), 103 (Herbert Raffalt), 108 (Reinhard Lamm); Südwest Verlag: 27 (Gerd Heidorn); Tirol Werbung Online Bildarchiv: 9

Impressum
1. Auflage 2014
© der aktualisierten, erweiterten Neuausgabe: 2014 by Südwest Verlag, einem Unternehmen der Verlagsgruppe Random House GmbH, 81673 München

Alle Rechte vorbehalten. Vollständige oder auszugsweise Reproduktion, gleich welcher Form (Fotokopie, Mikrofilm, elektronische Datenverarbeitung oder andere Verfahren), Vervielfältigung und Weitergabe von Vervielfältigungen nur mit schriftlicher Genehmigung des Verlags.

Hinweis: Das vorliegende Buch ist sorgfältig erarbeitet worden. Dennoch erfolgen alle Angaben ohne Gewähr. Weder die Autoren noch der Verlag können für eventuelle Nachteile oder Schäden, die aus den im Buch gegebenen Hinweisen resultieren, eine Haftung übernehmen.

Die Verlagsgruppe Random House weist ausdrücklich darauf hin, dass bei Links im Buch zum Zeitpunkt der Linksetzung keine illegalen Inhalte auf den verlinkten Seiten erkennbar waren. Auf die aktuelle und zukünftige Gestaltung, die Inhalte oder die Urheberschaft der verlinkten Seiten hat der Verlag keinerlei Einfluss. Deshalb distanziert sich die Verlagsgruppe hiermit ausdrücklich von allen Inhalten der verlinkten Seiten, die nach der Linksetzung verändert wurden, und übernimmt für diese keine Haftung.

Redaktionsleitung: Silke Kirsch
Projektleitung: Stefanie Heim
Redaktion: Nicola von Otto
Bildredaktion: Evi Schoettl
Layout und Produktion: d.signer | büro für gestaltung; Evi Schoettl, Aitrang
Umschlaggestaltung: zeichenpool, München, unter Verwendung eines Fotos von © Peter Schlickenrieder/Marco Felgenhauer
Druck & Bindung: Alcione, Trento
Printed in Italy

Verlagsgruppe Random House FSC®N001967
Das für dieses Buch verwendete FSC®-zertifizierte Papier *Profimatt* liefert Sappi, Ehingen.

ISBN 978-3-517-09301-7